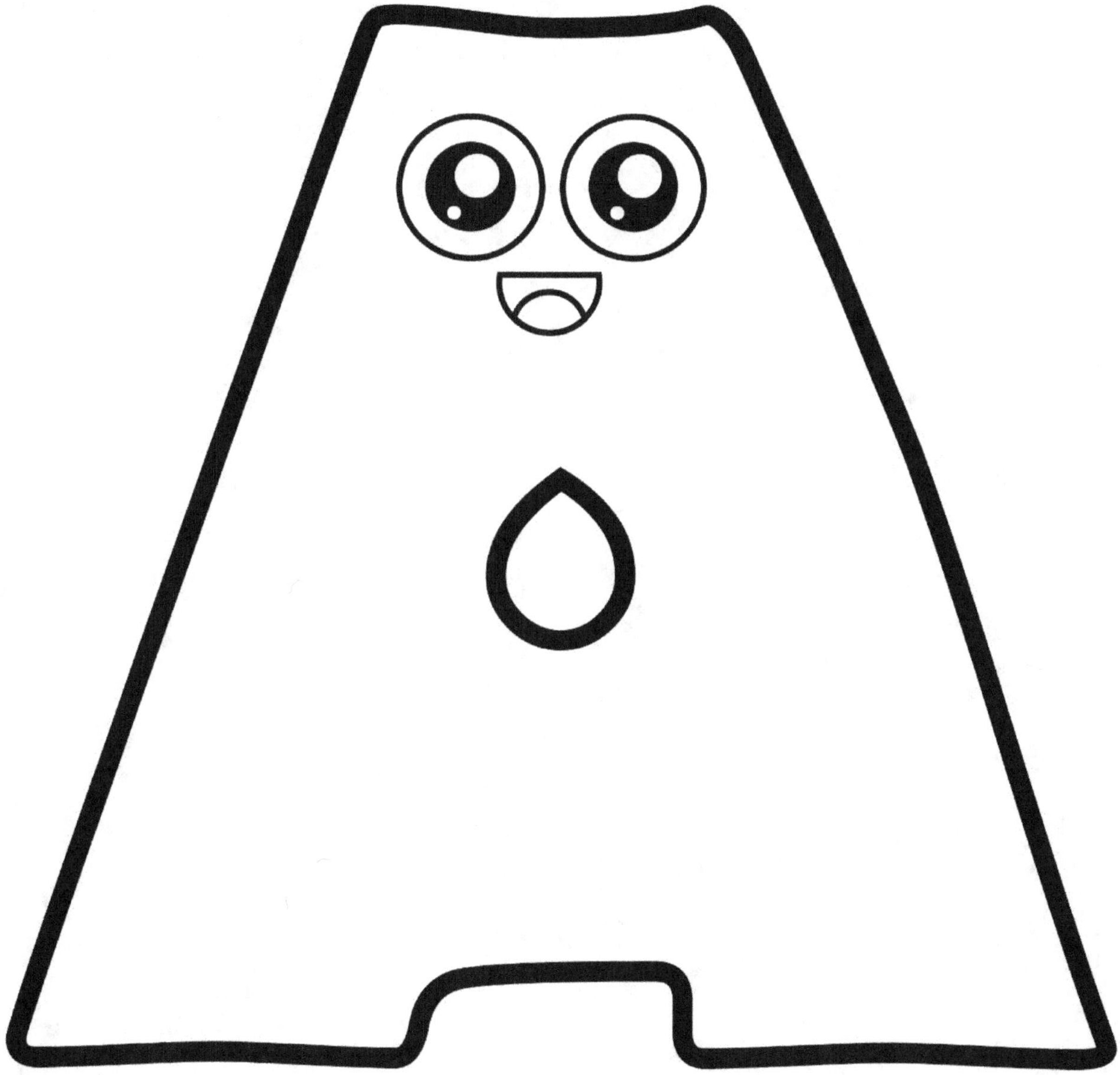

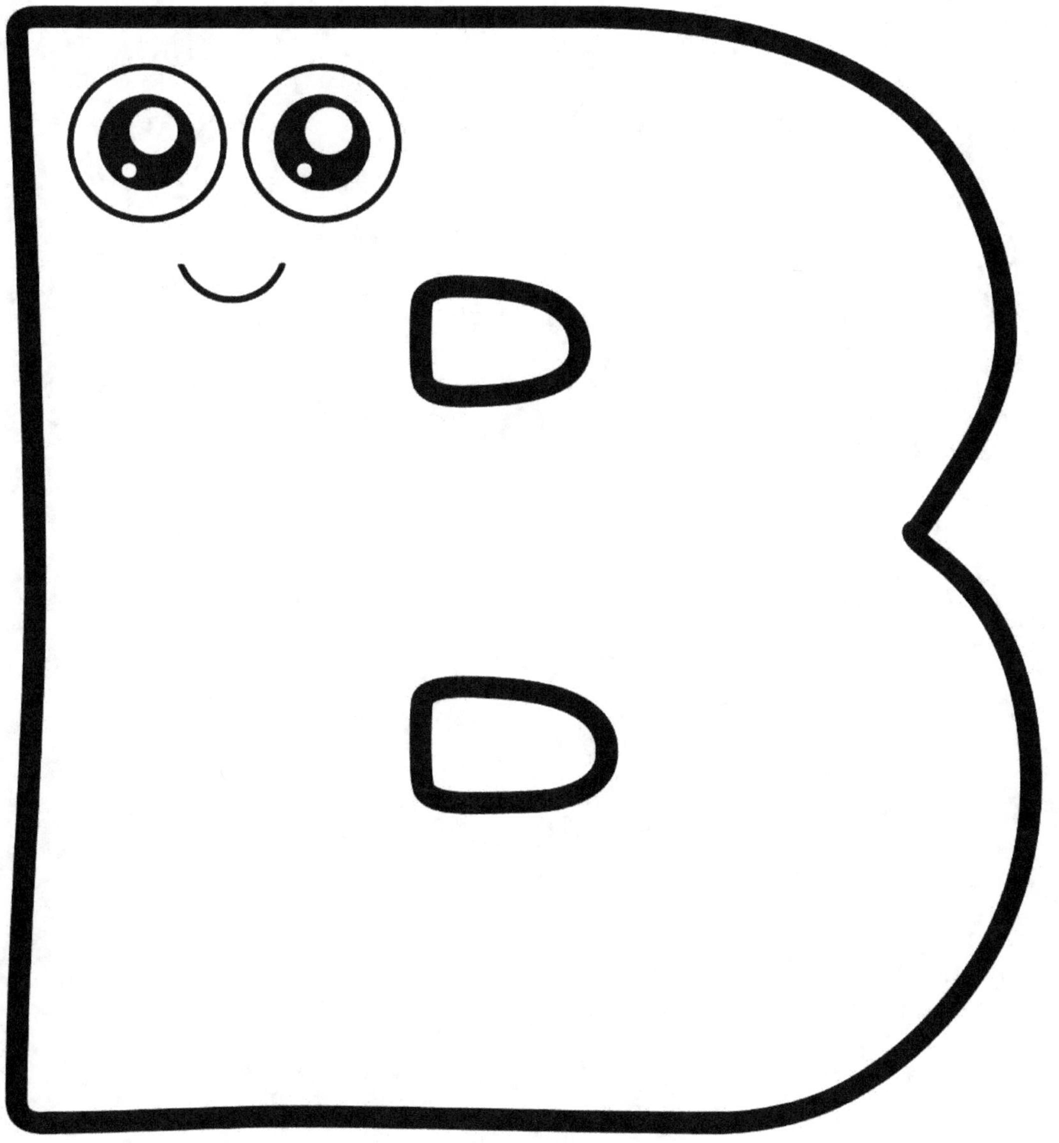

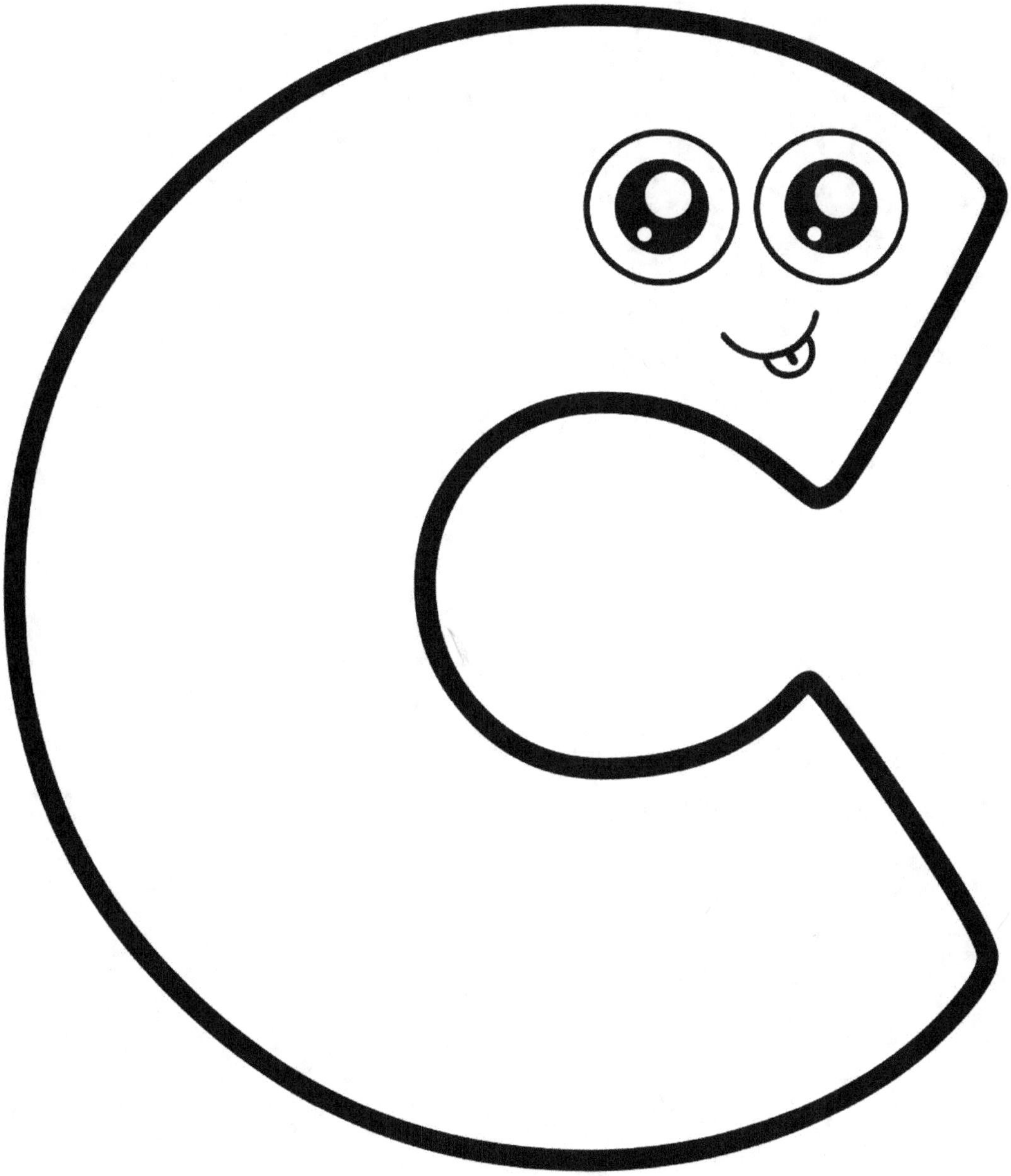

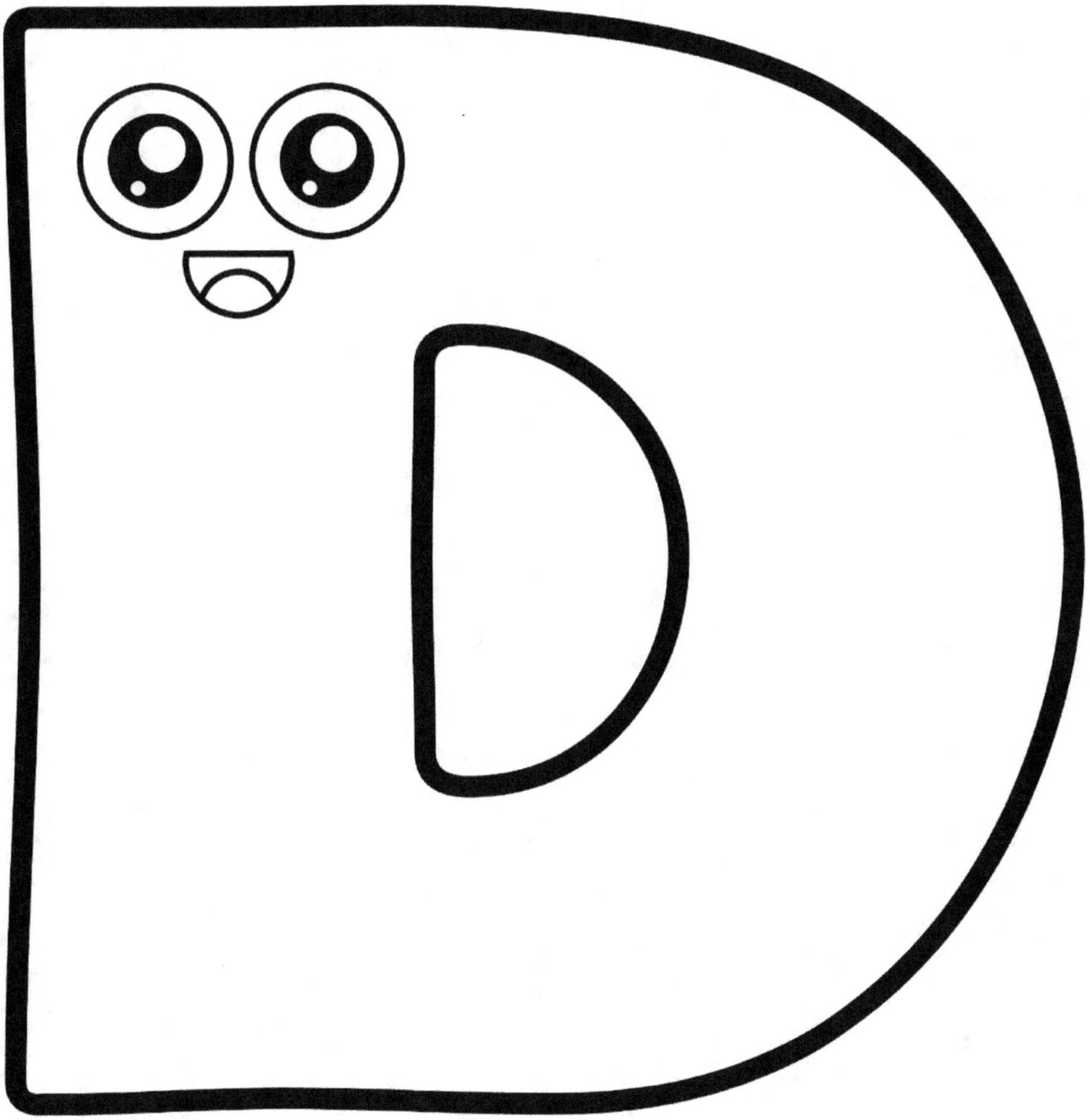

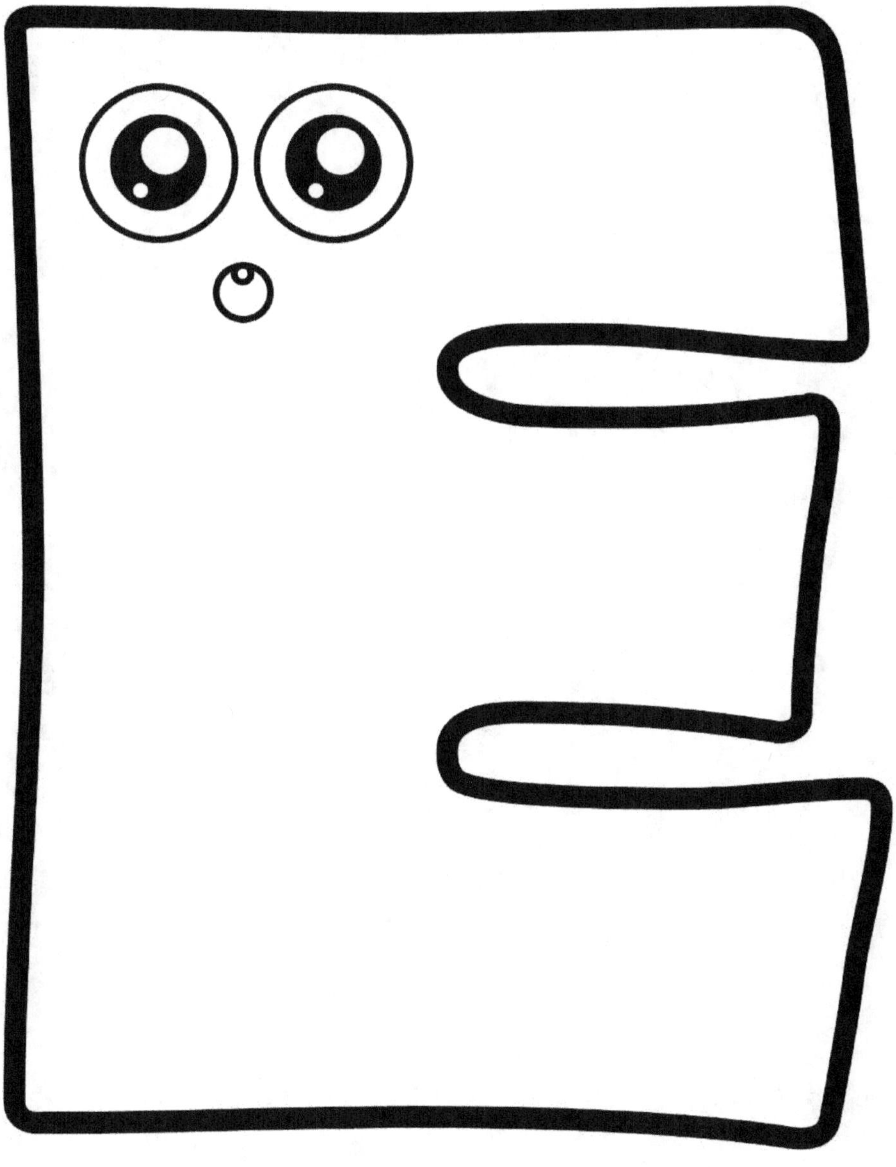

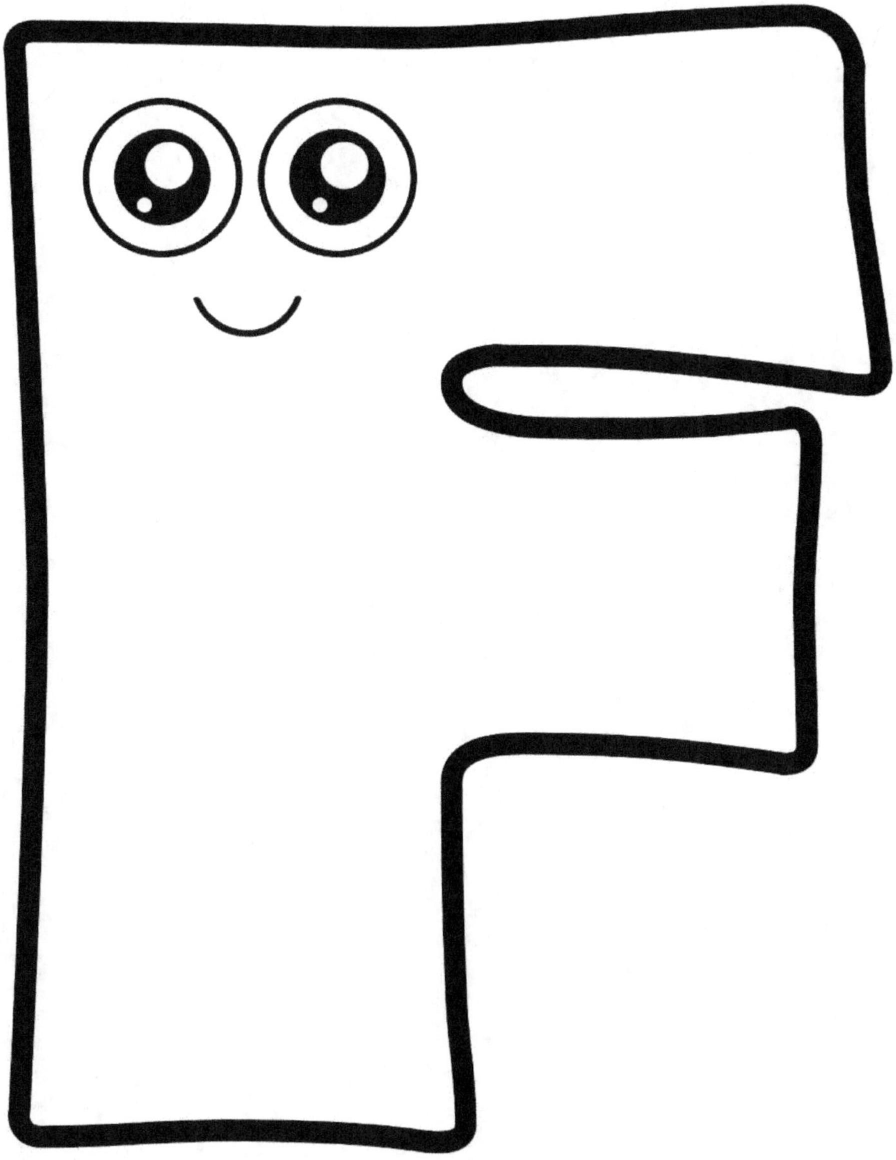

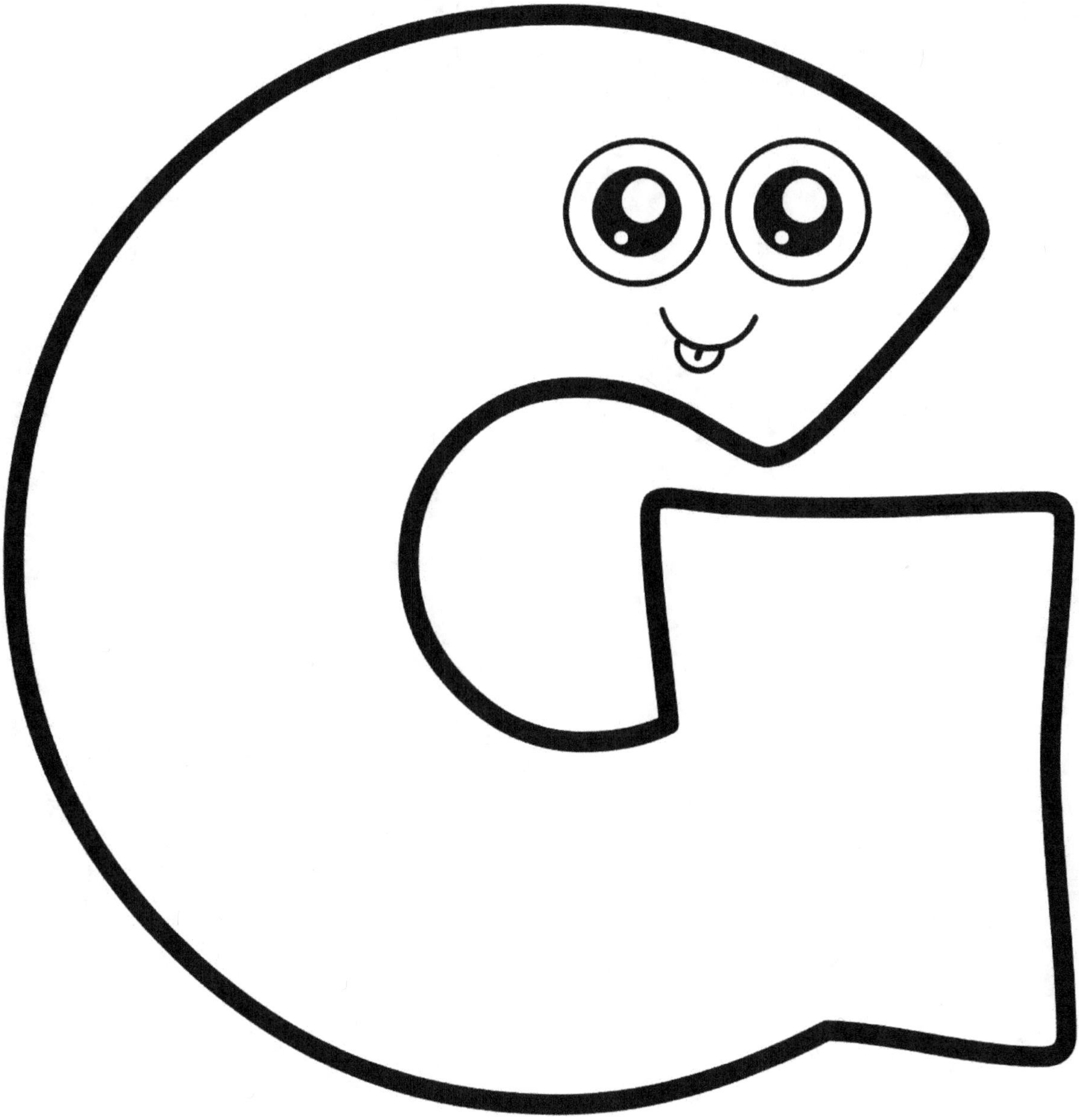

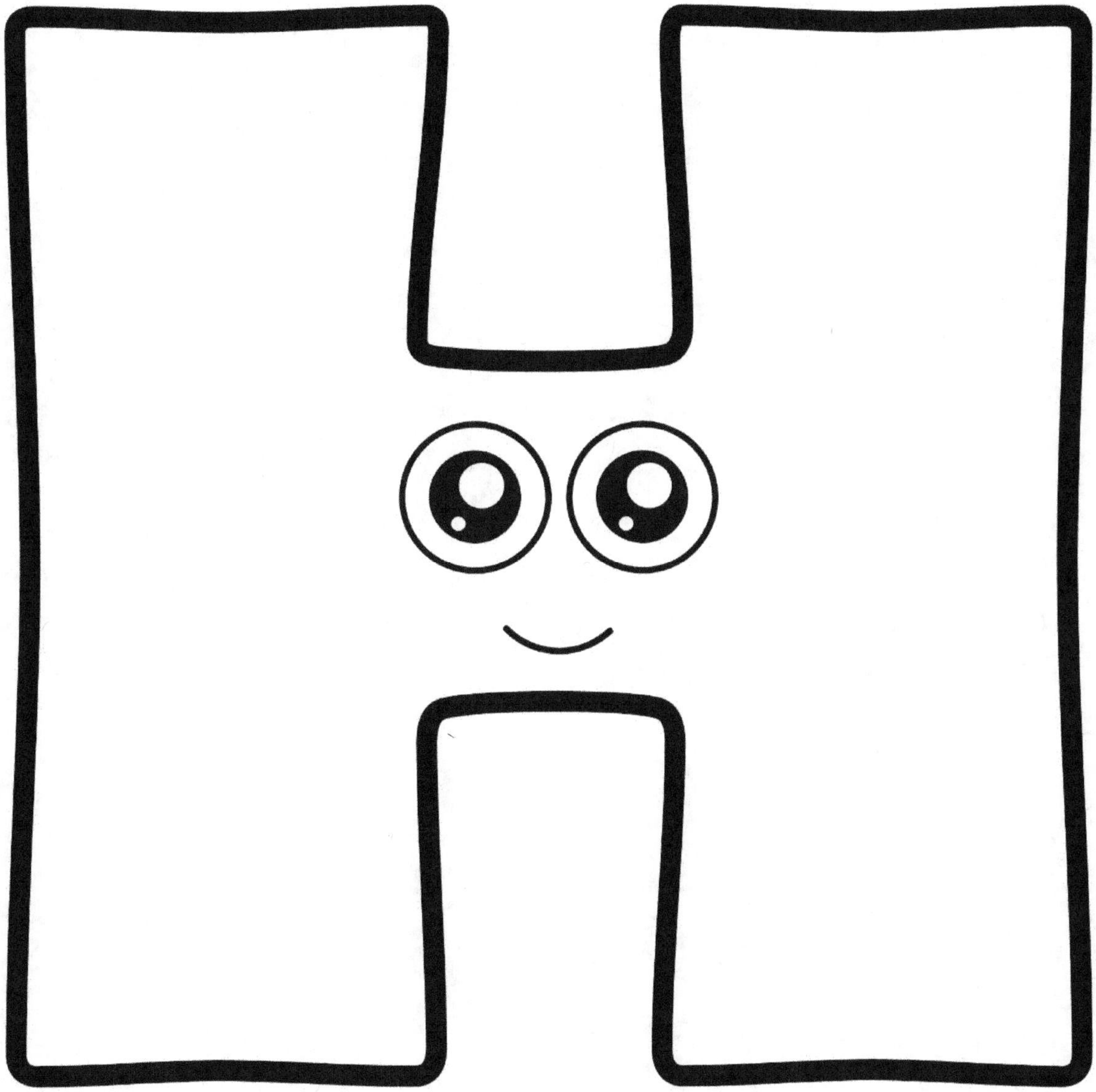

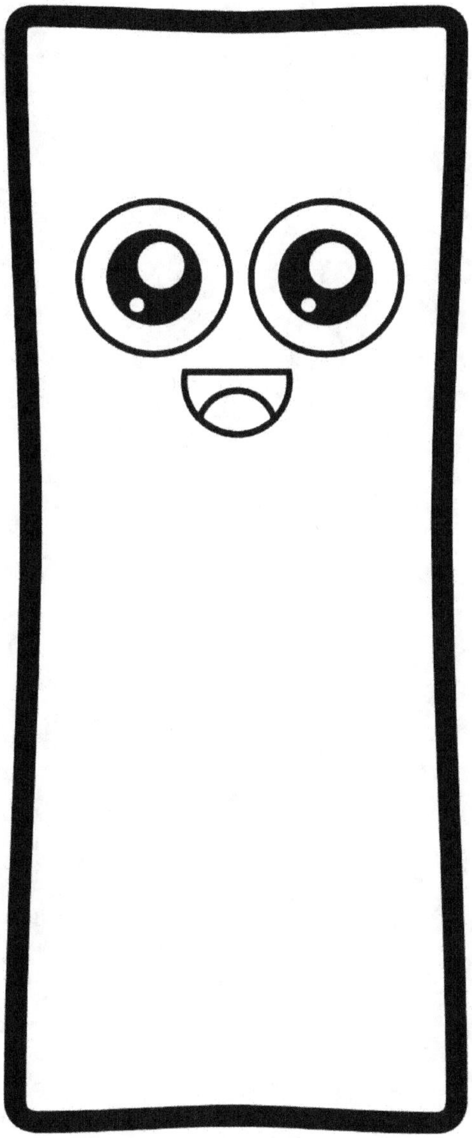

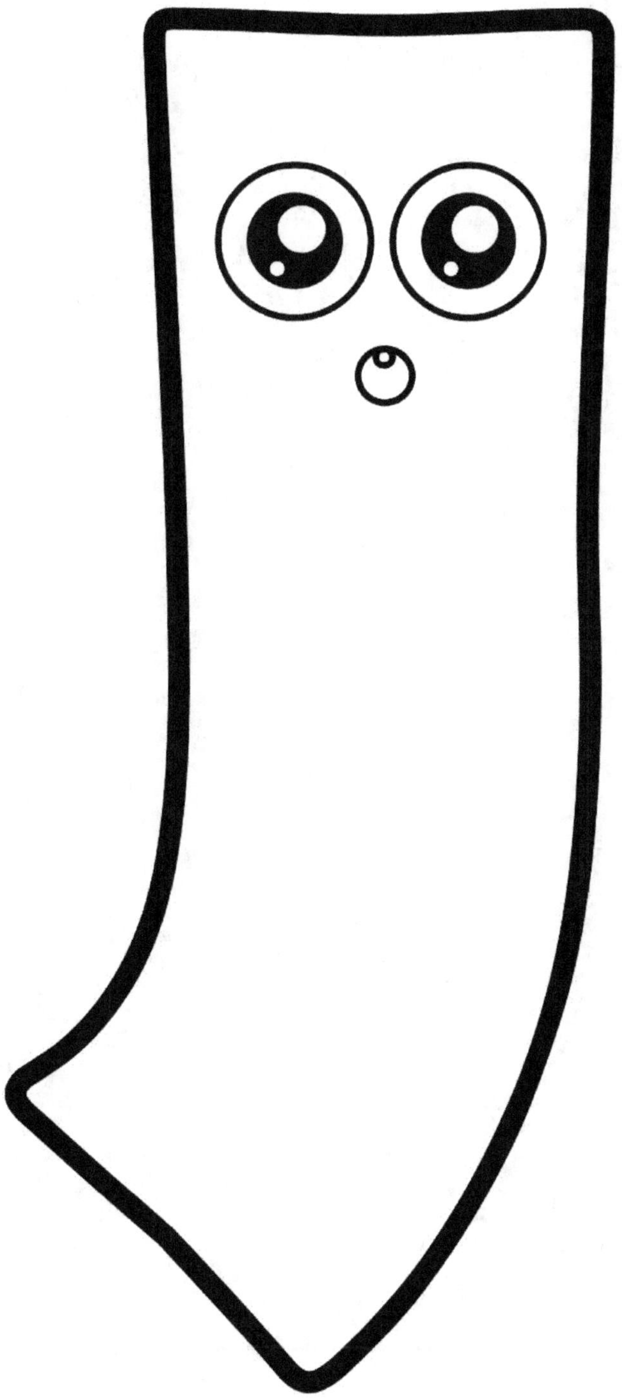

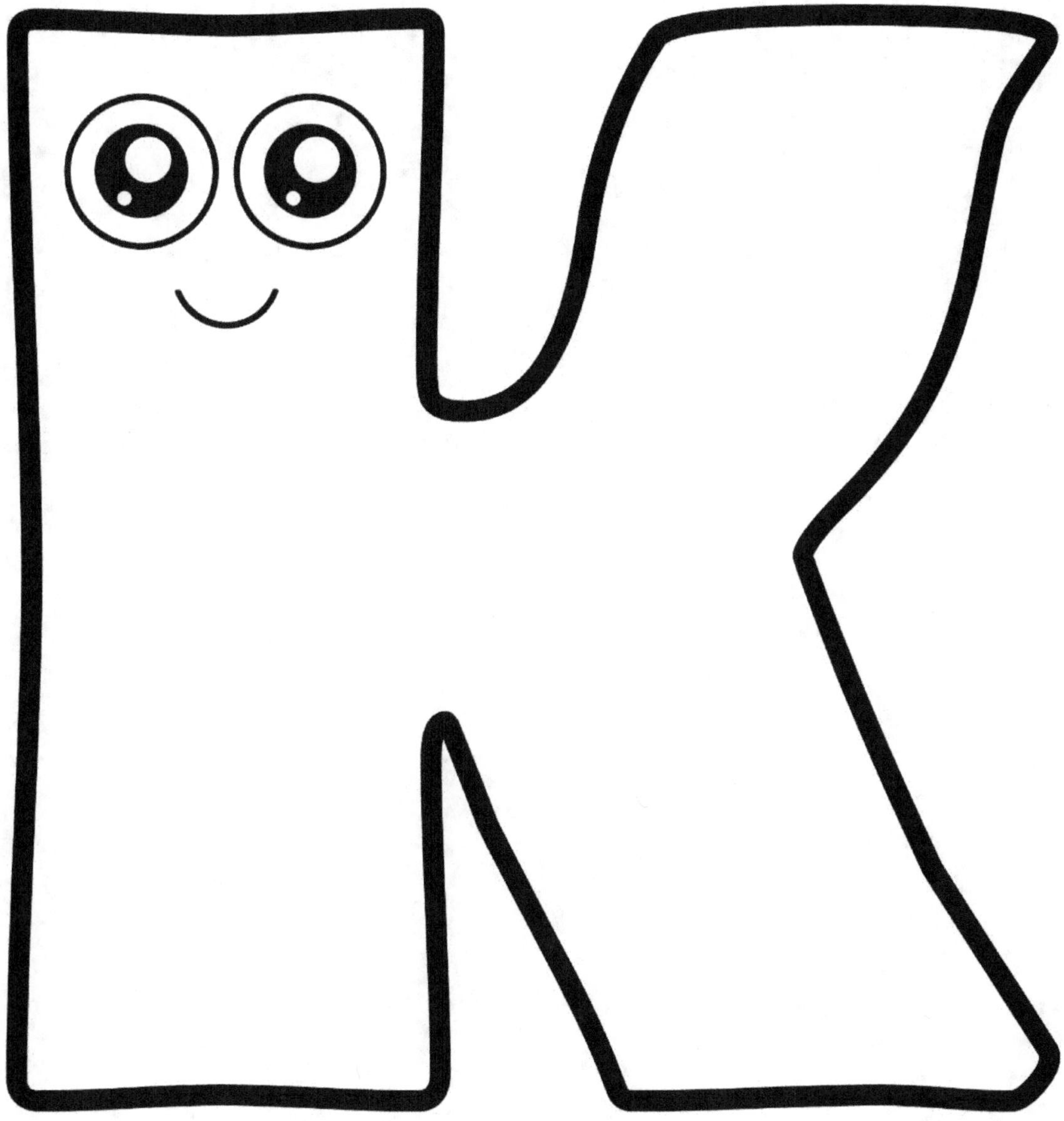

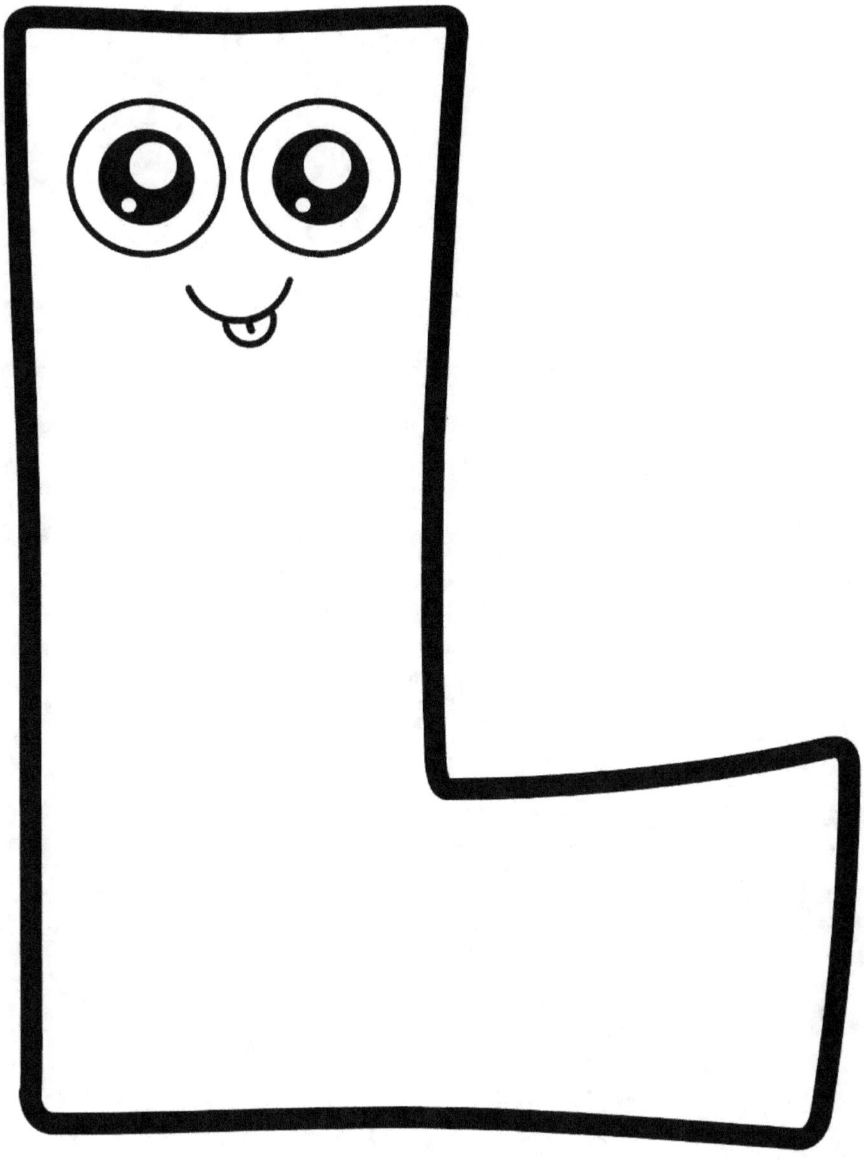

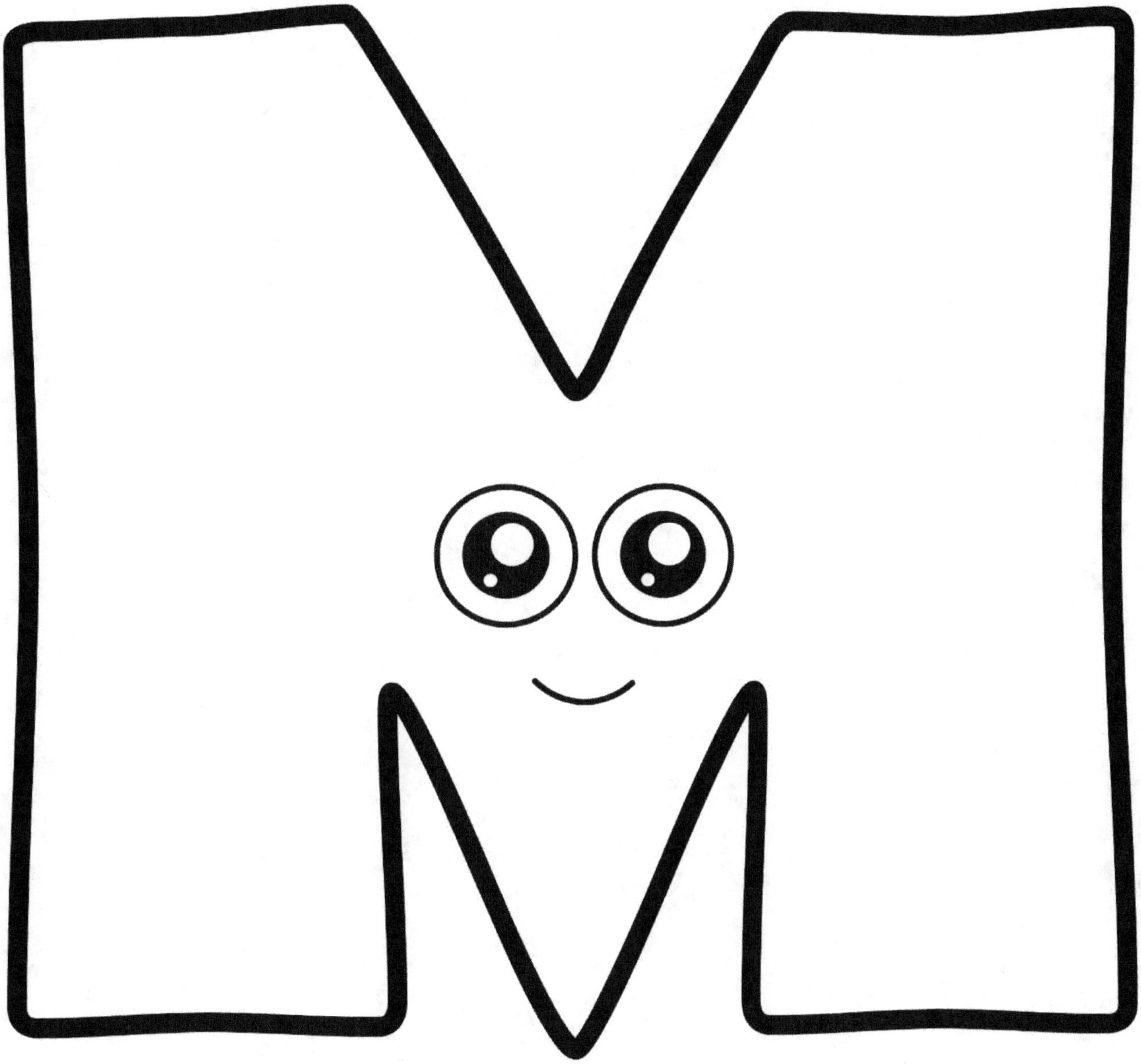
M

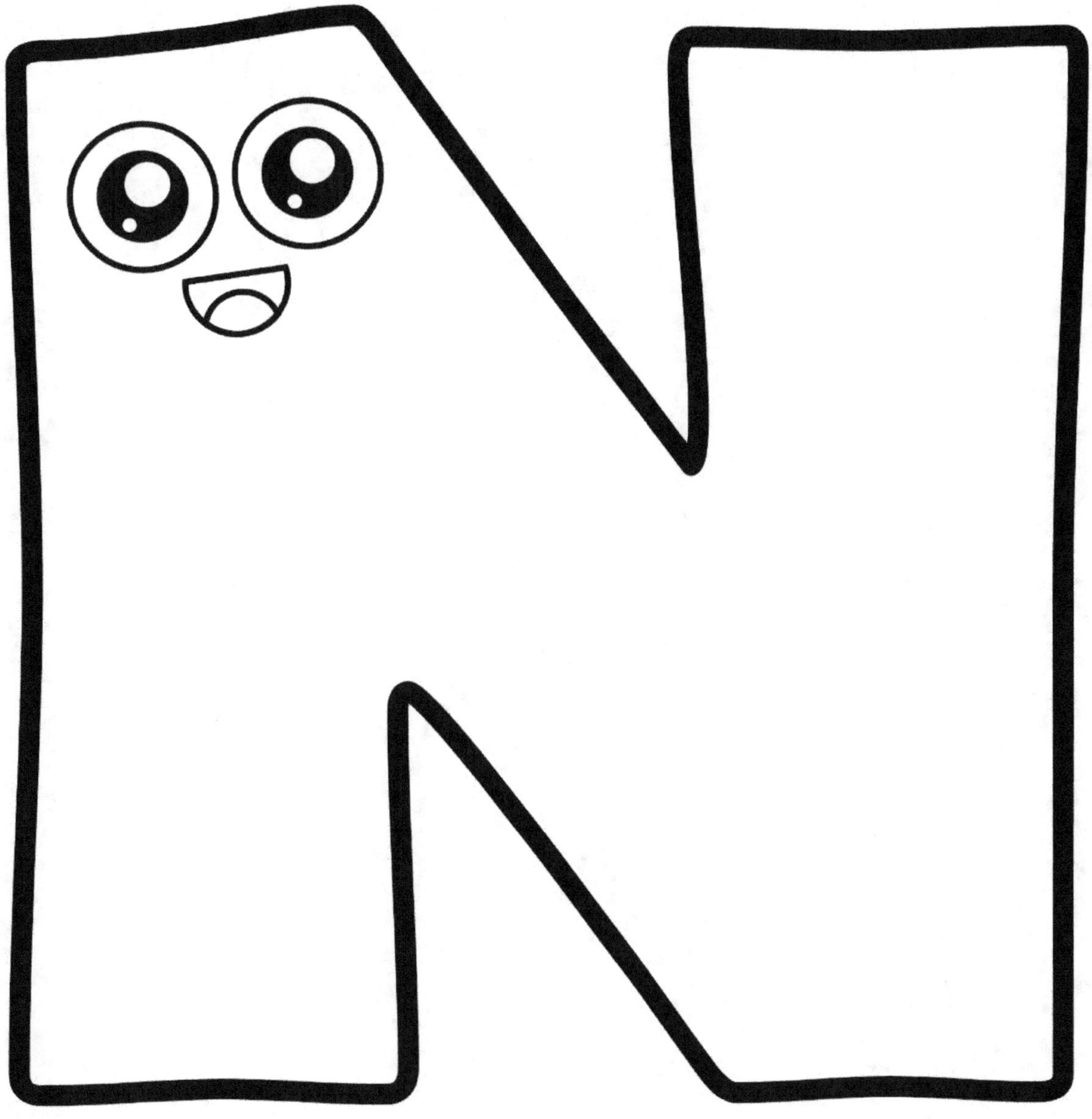

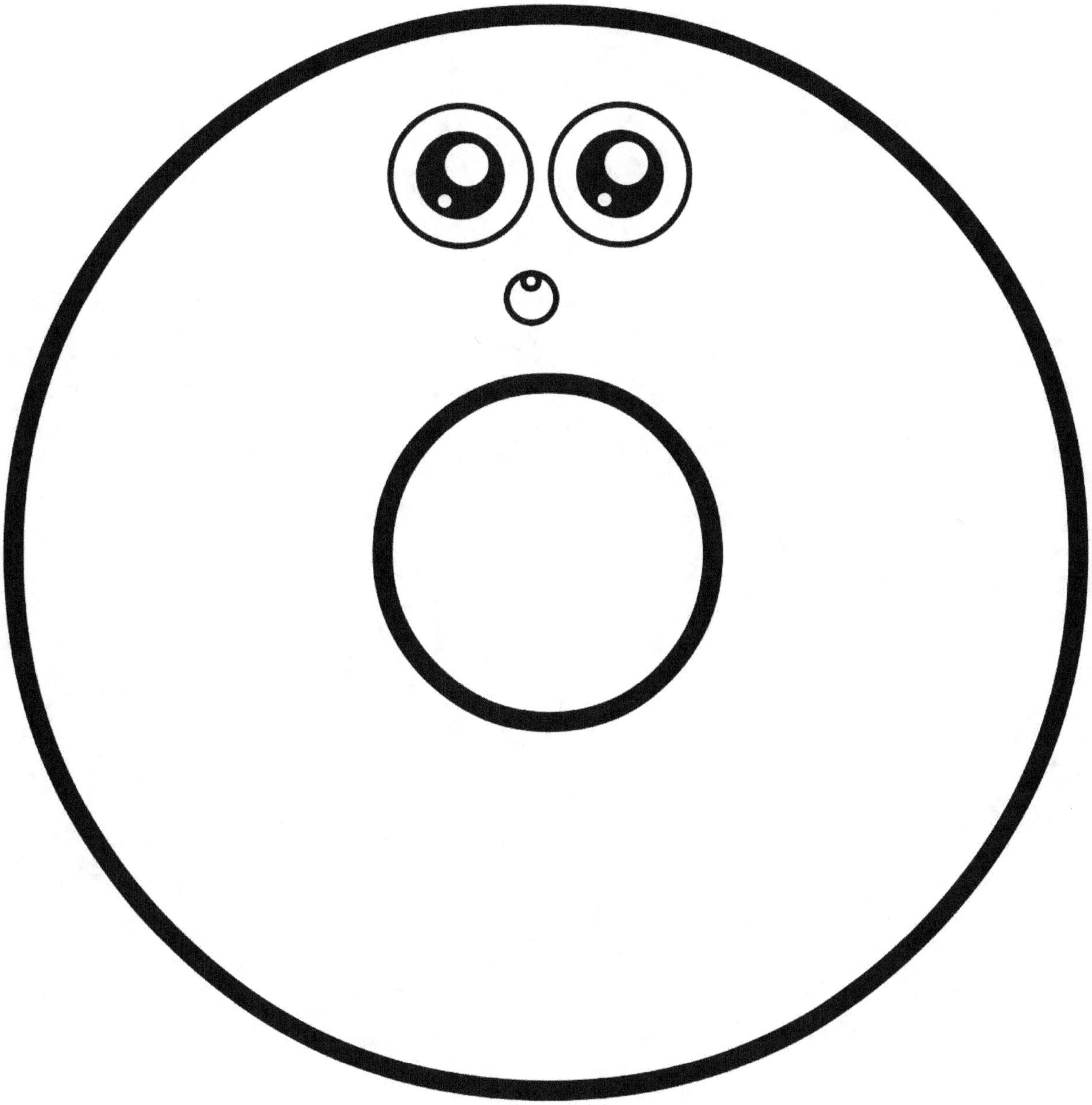

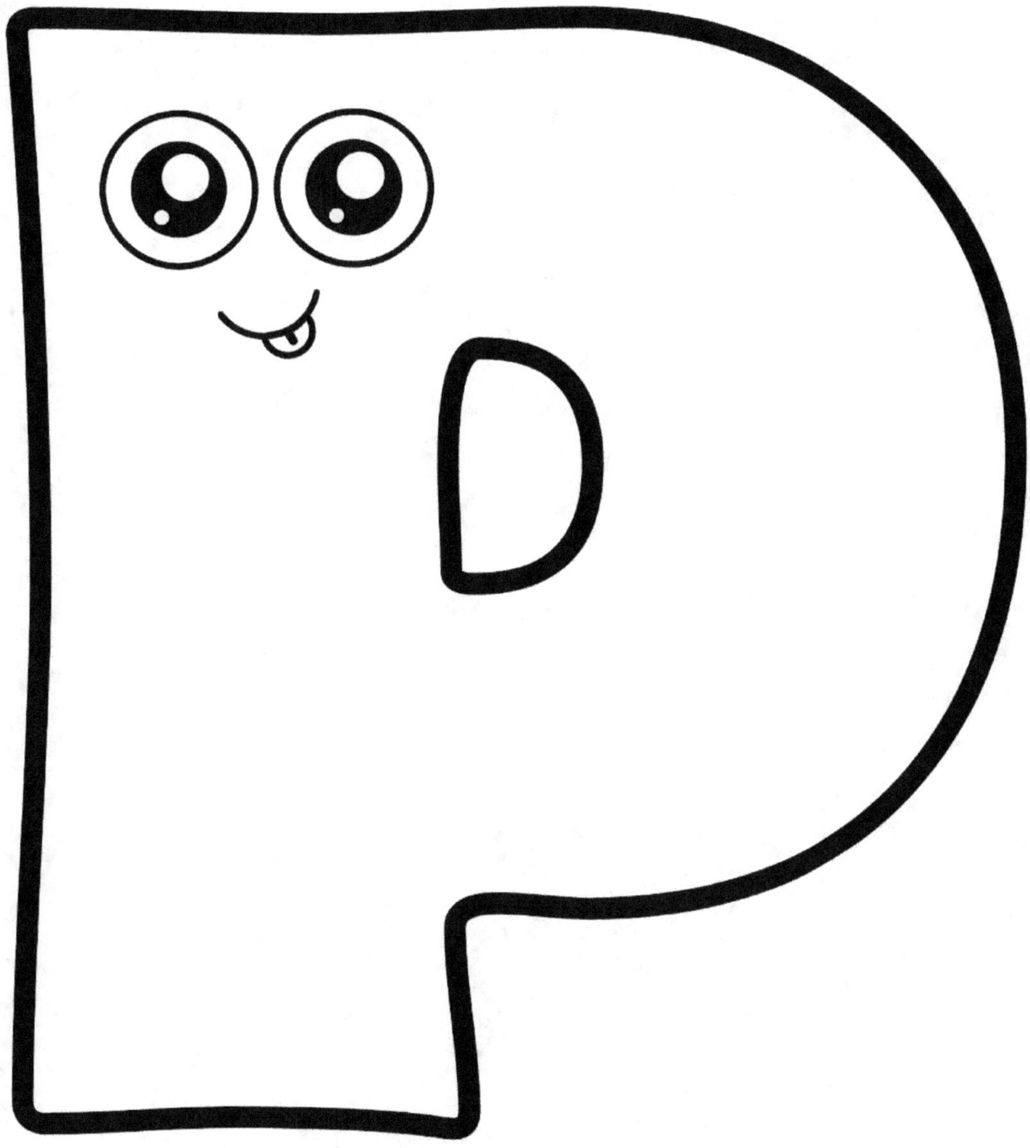

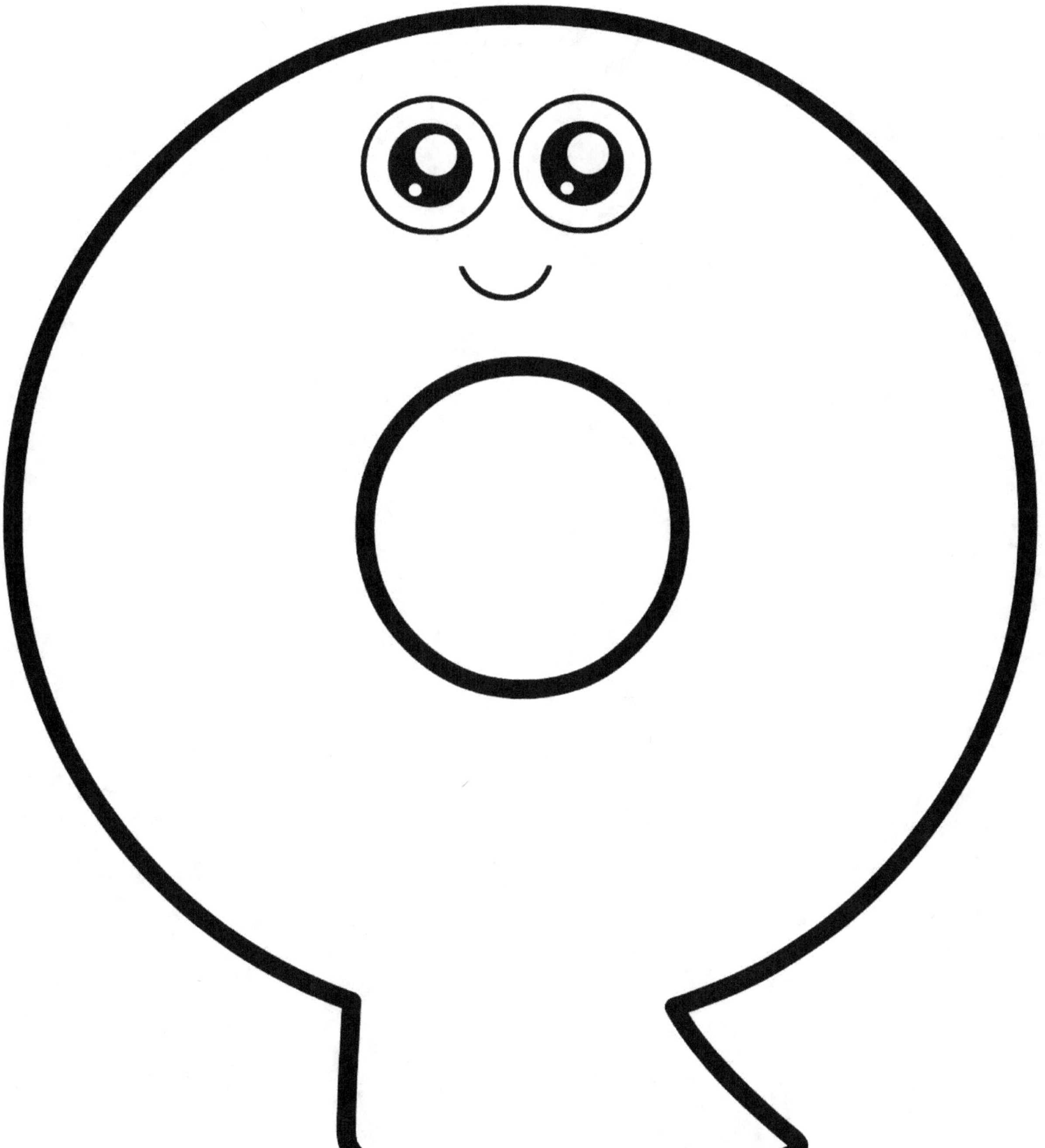

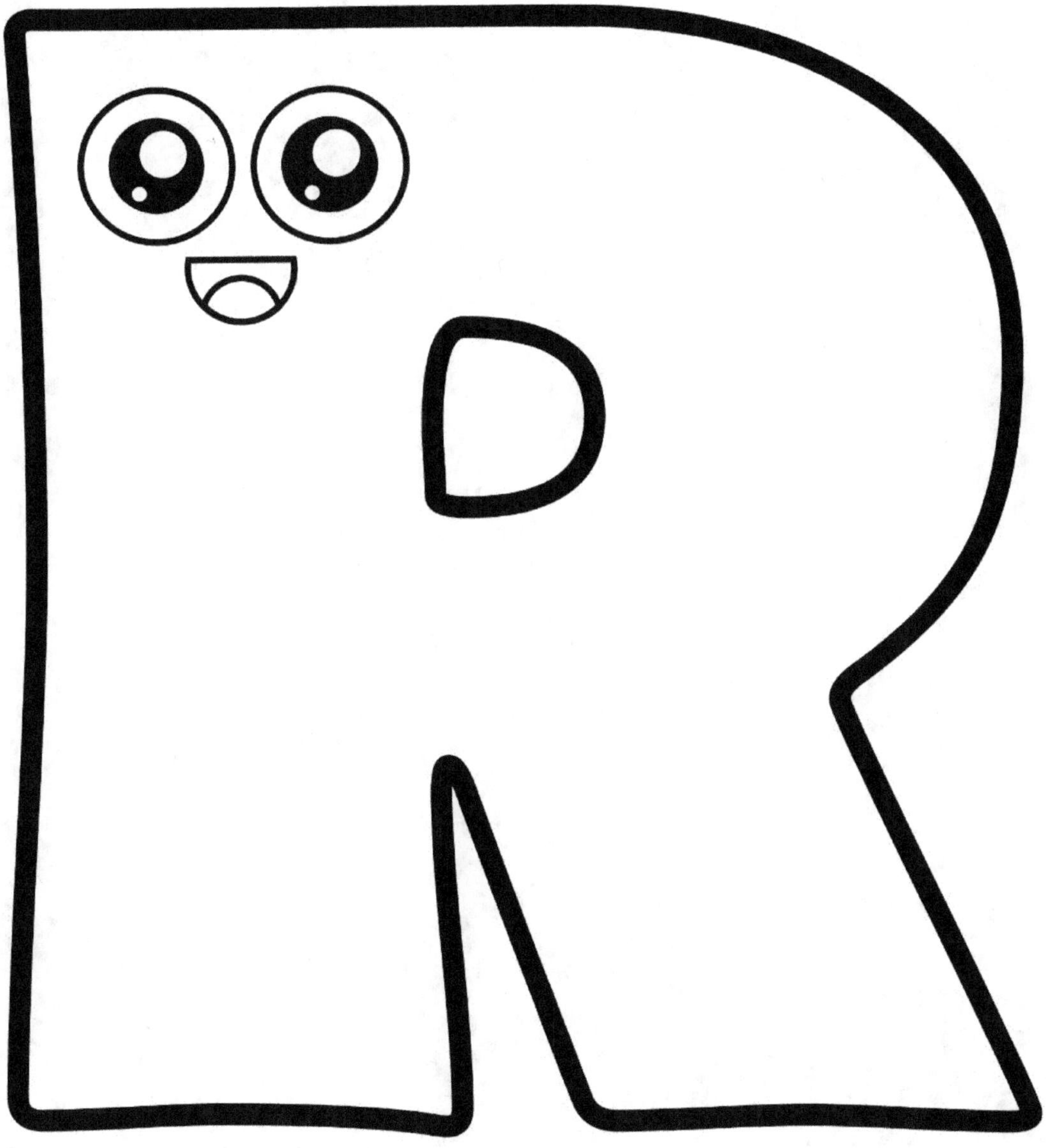

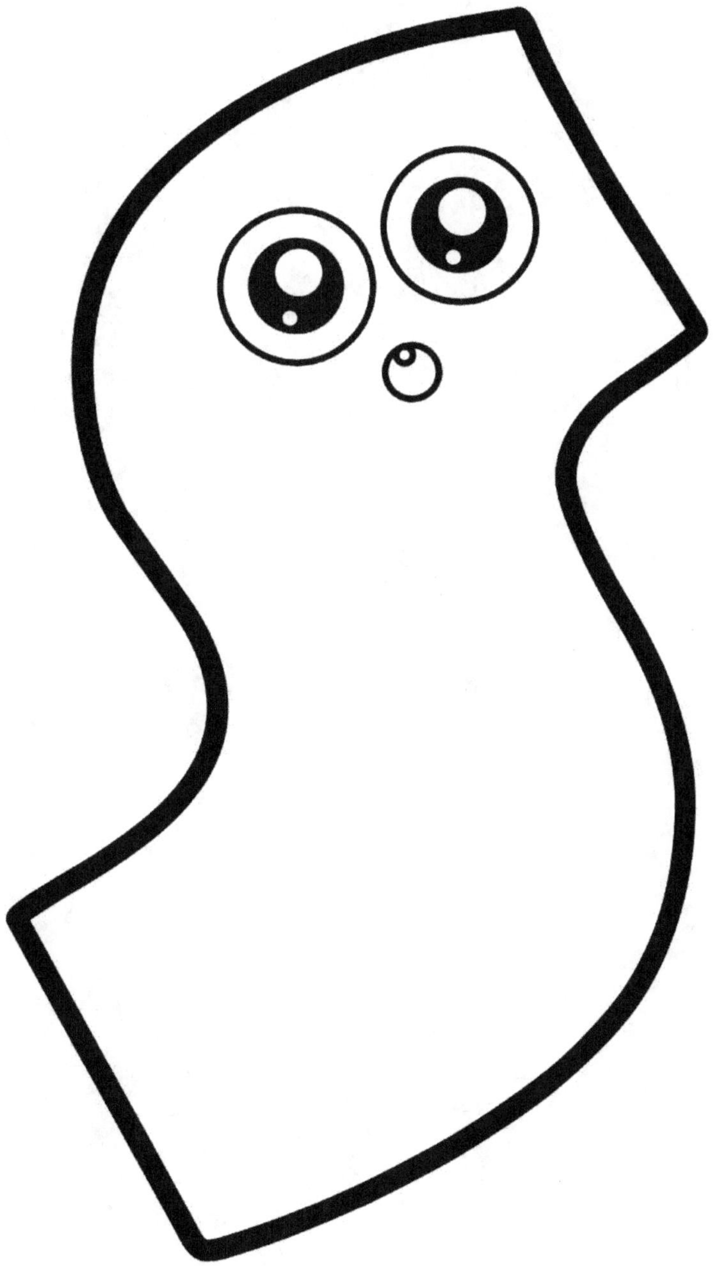

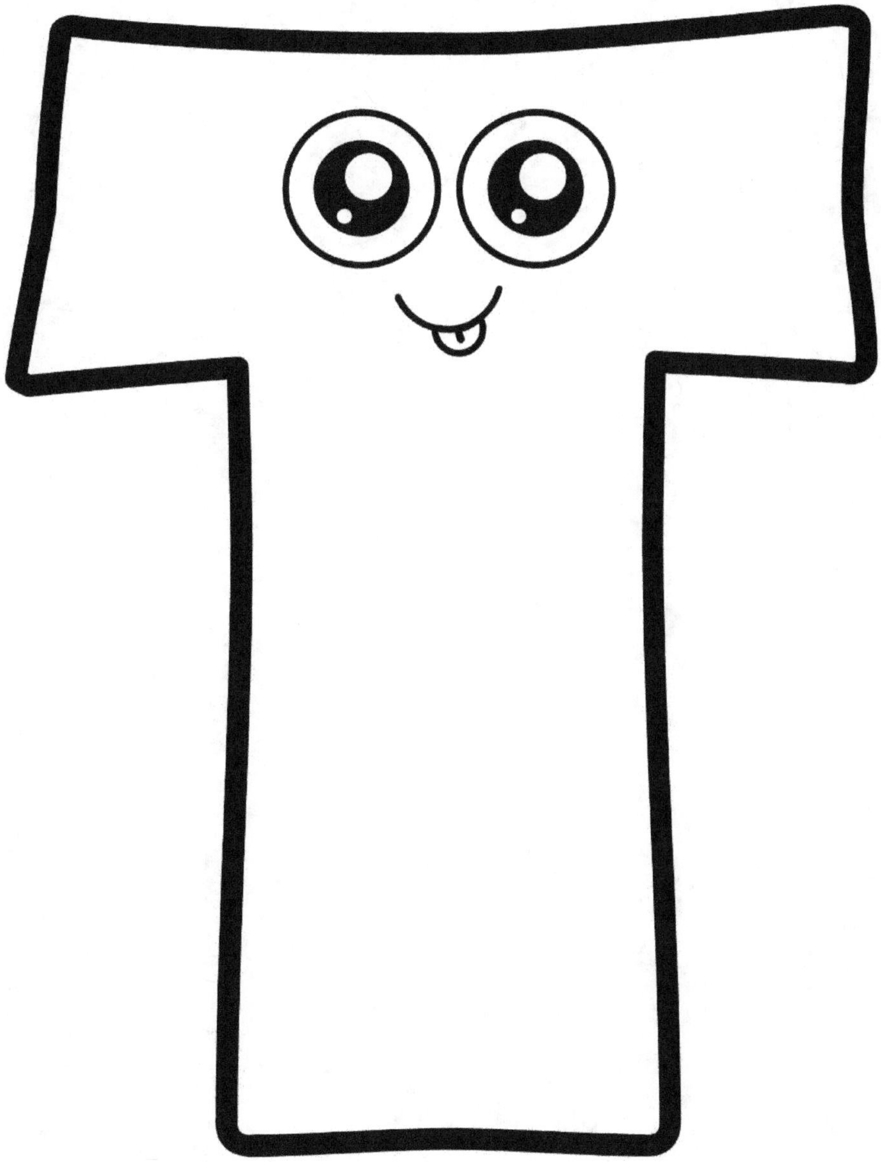

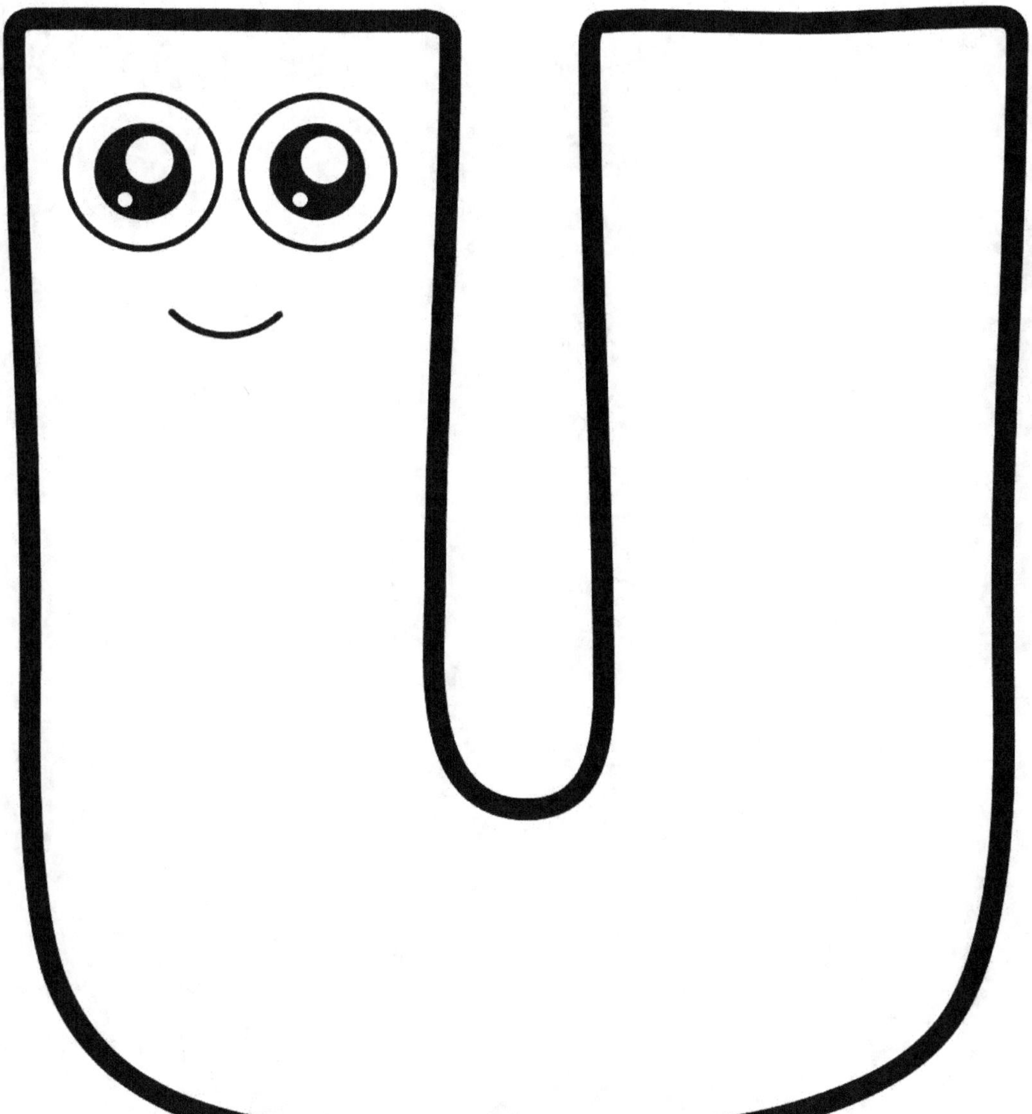

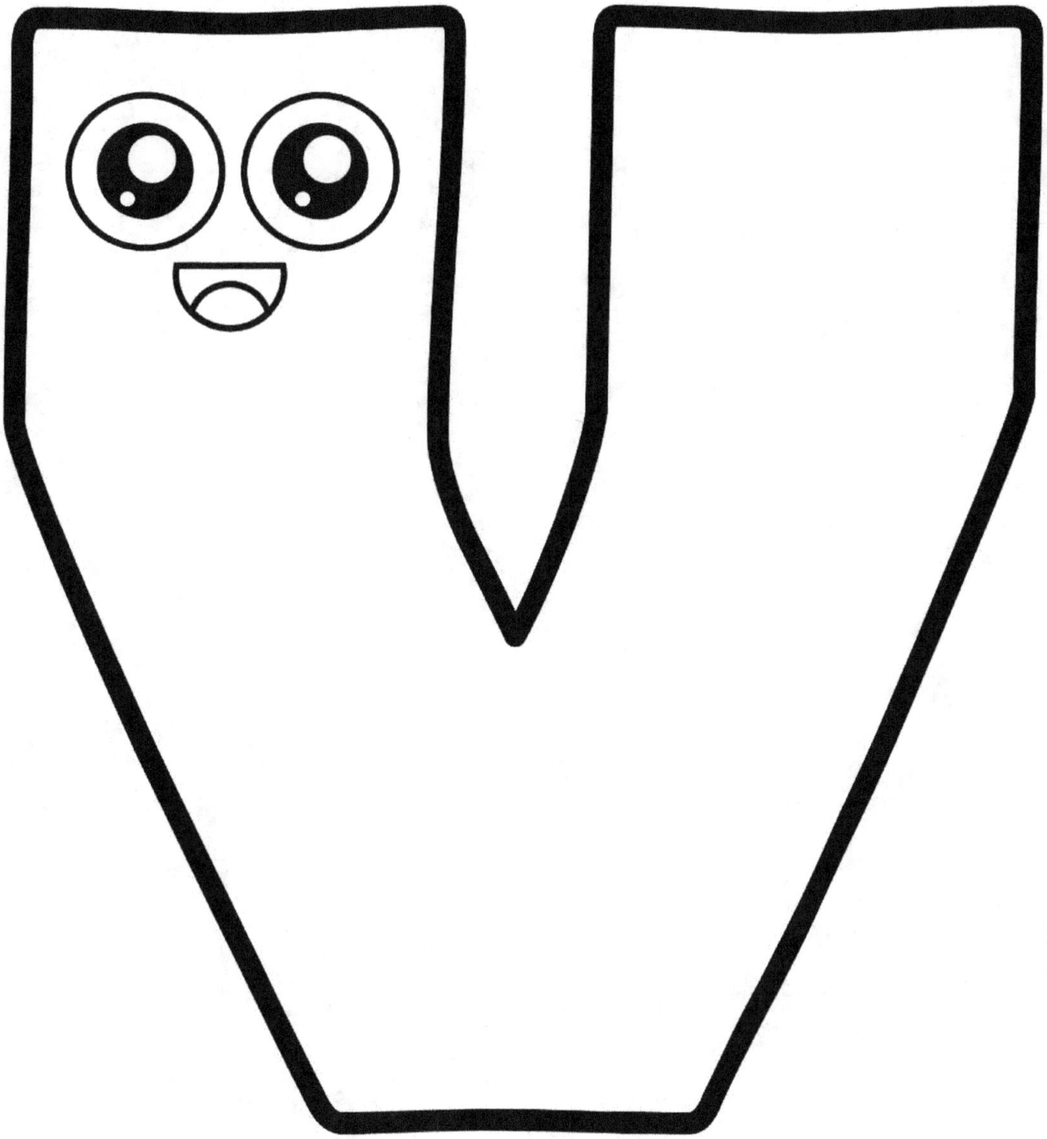

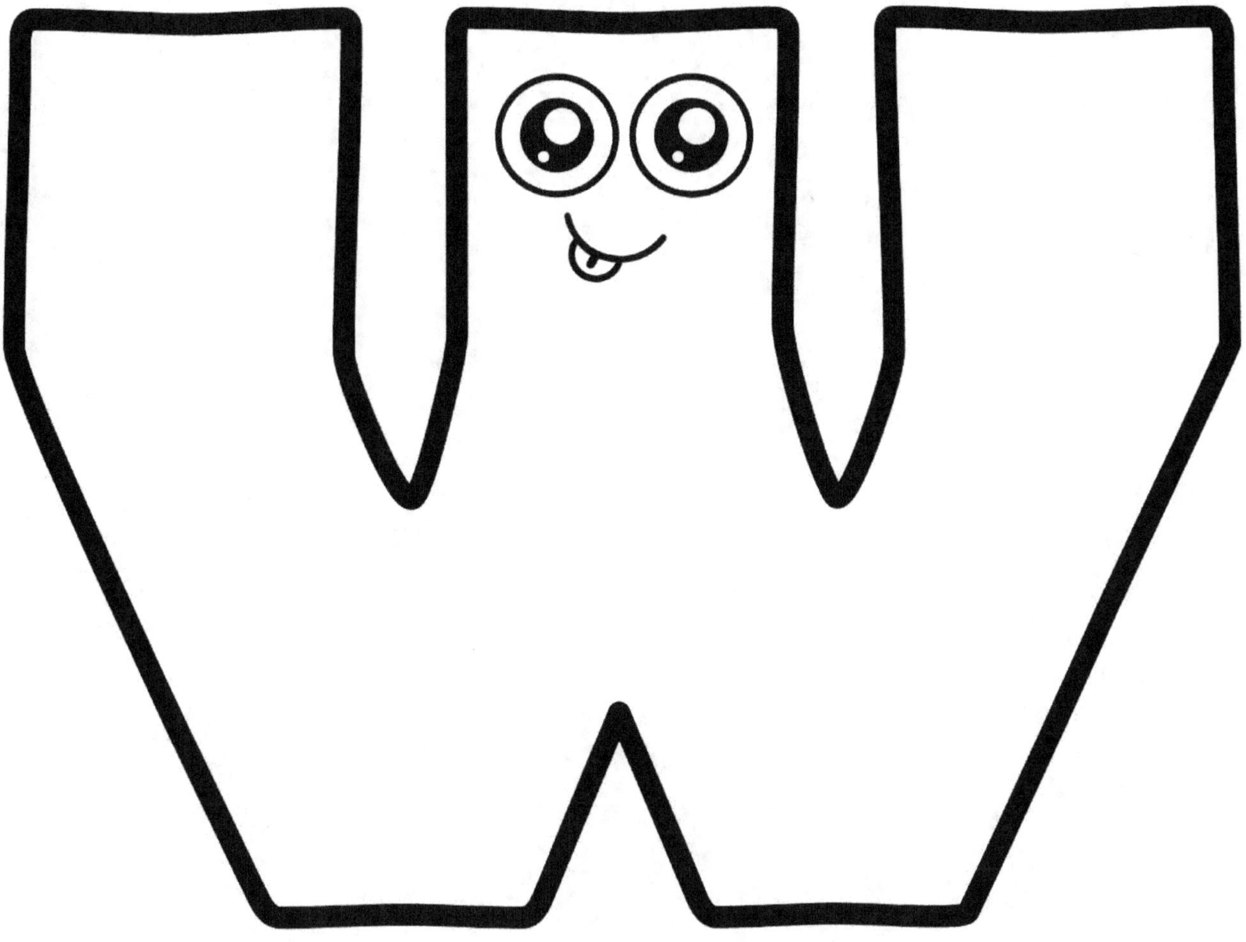

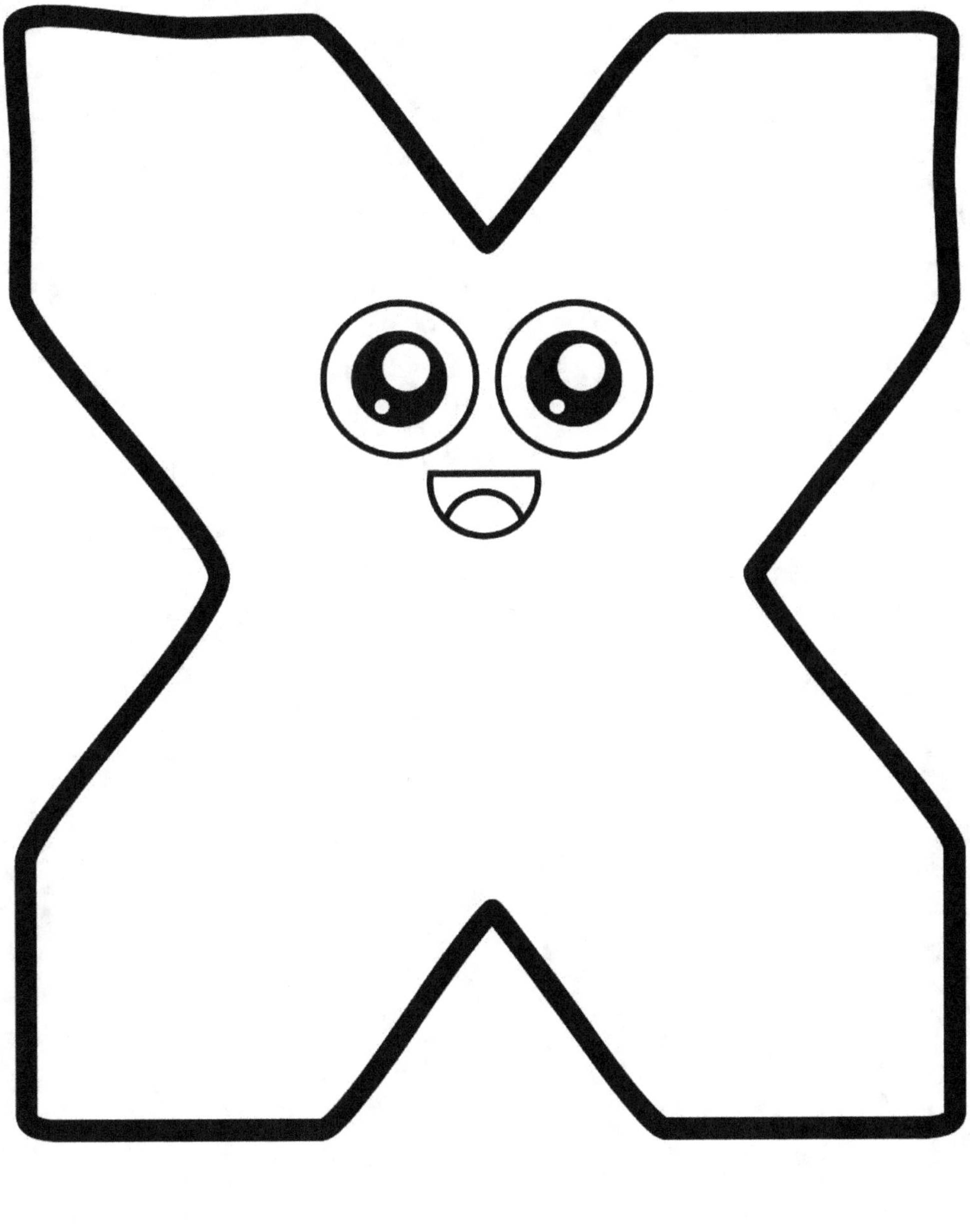

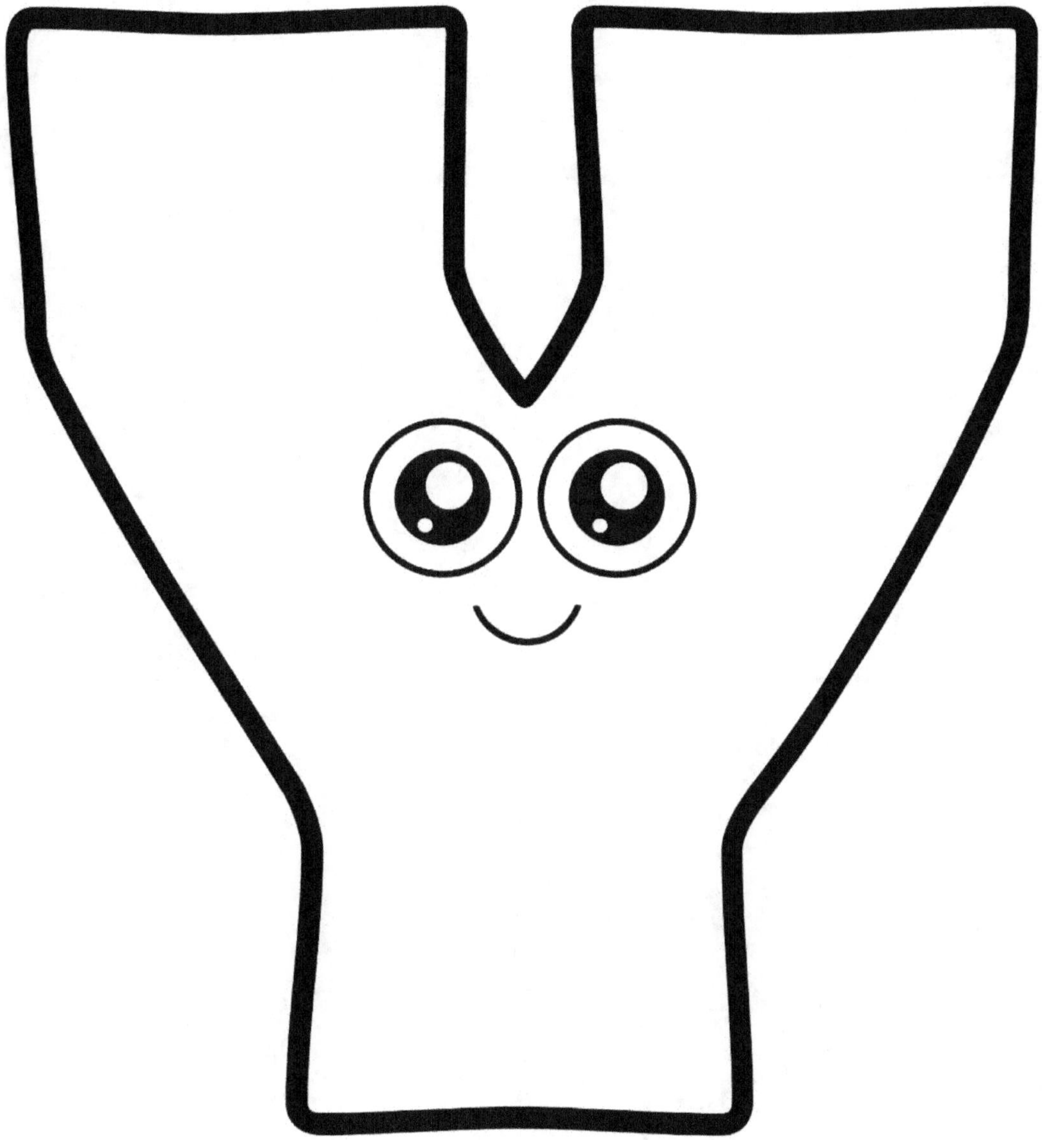

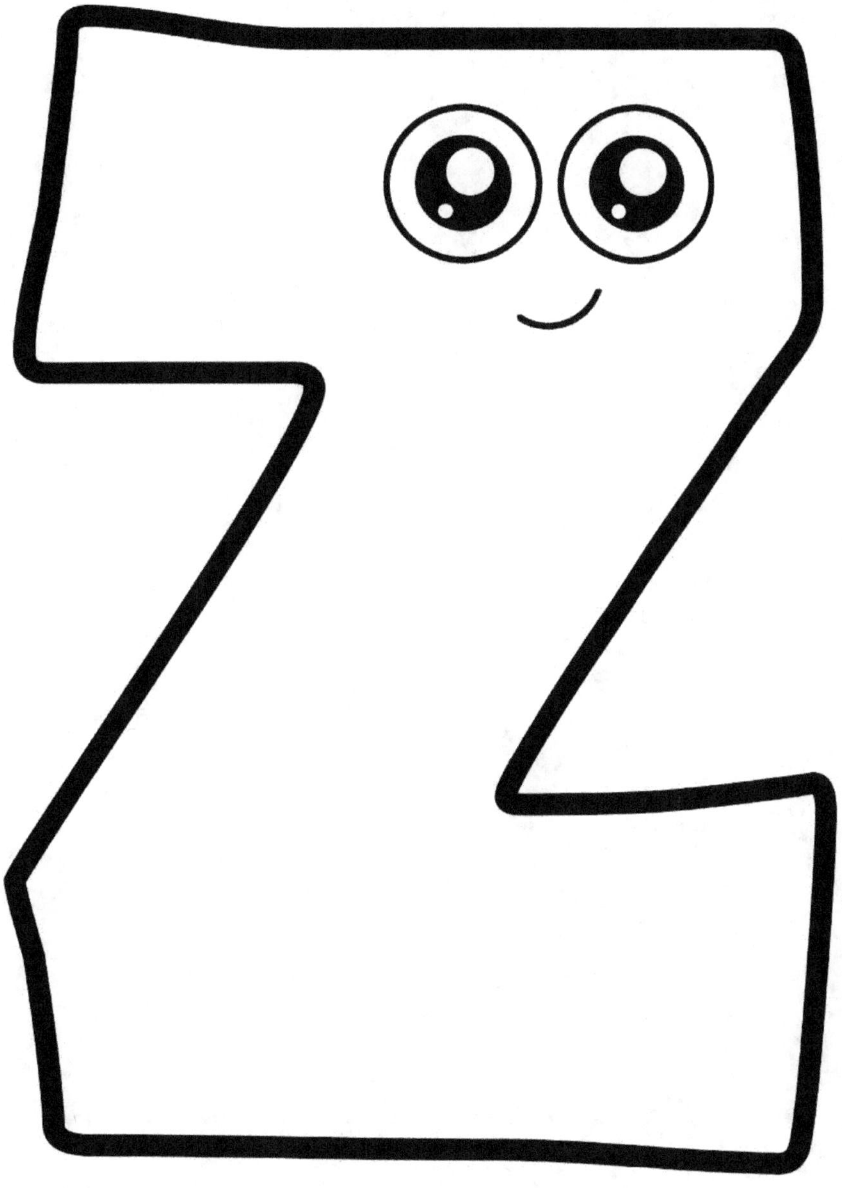

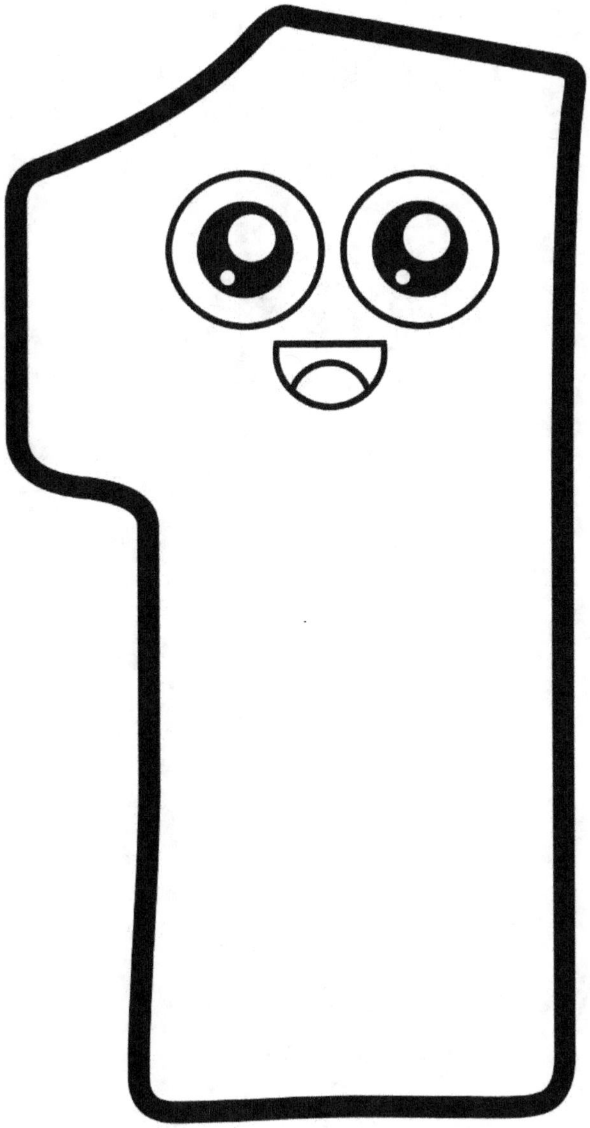

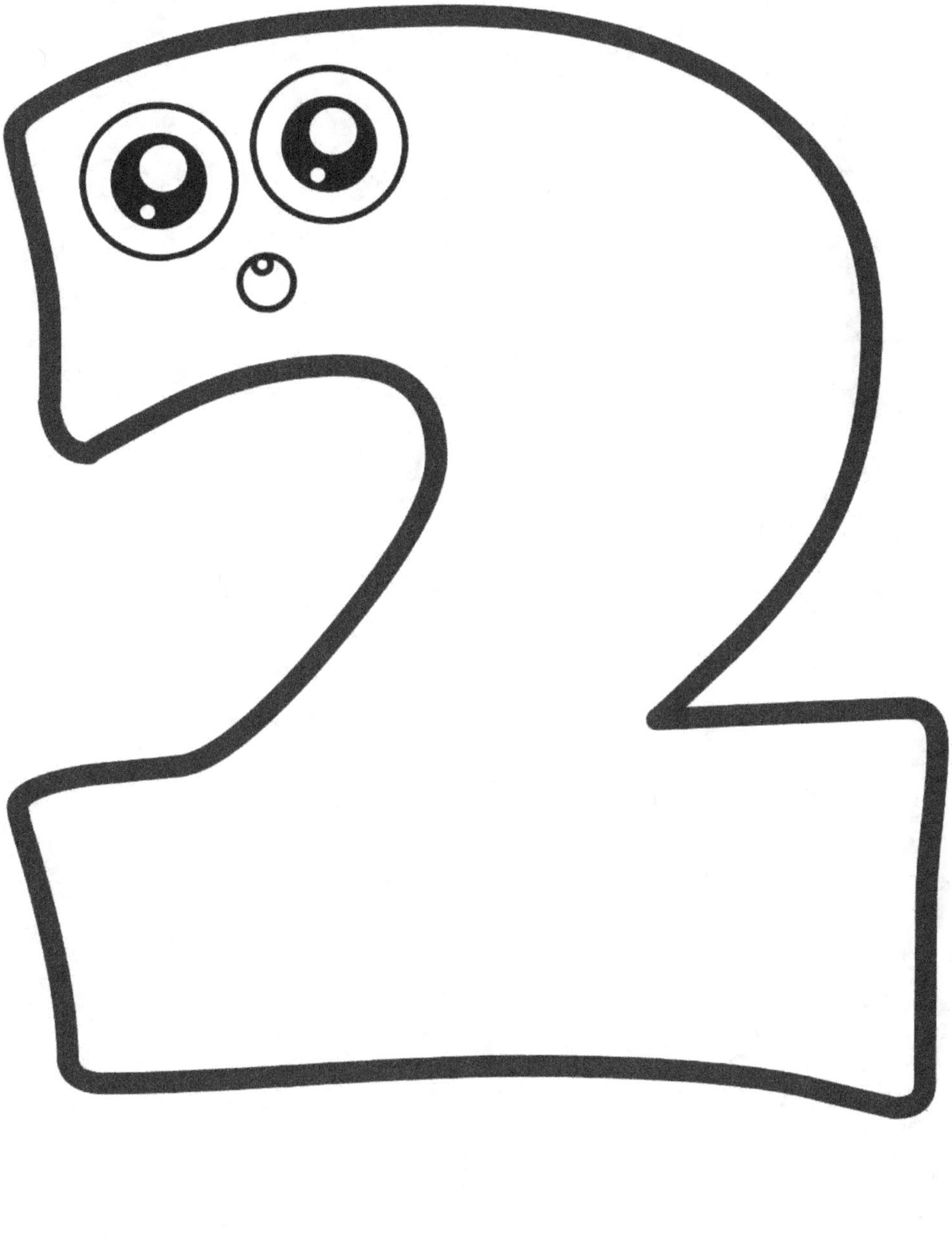

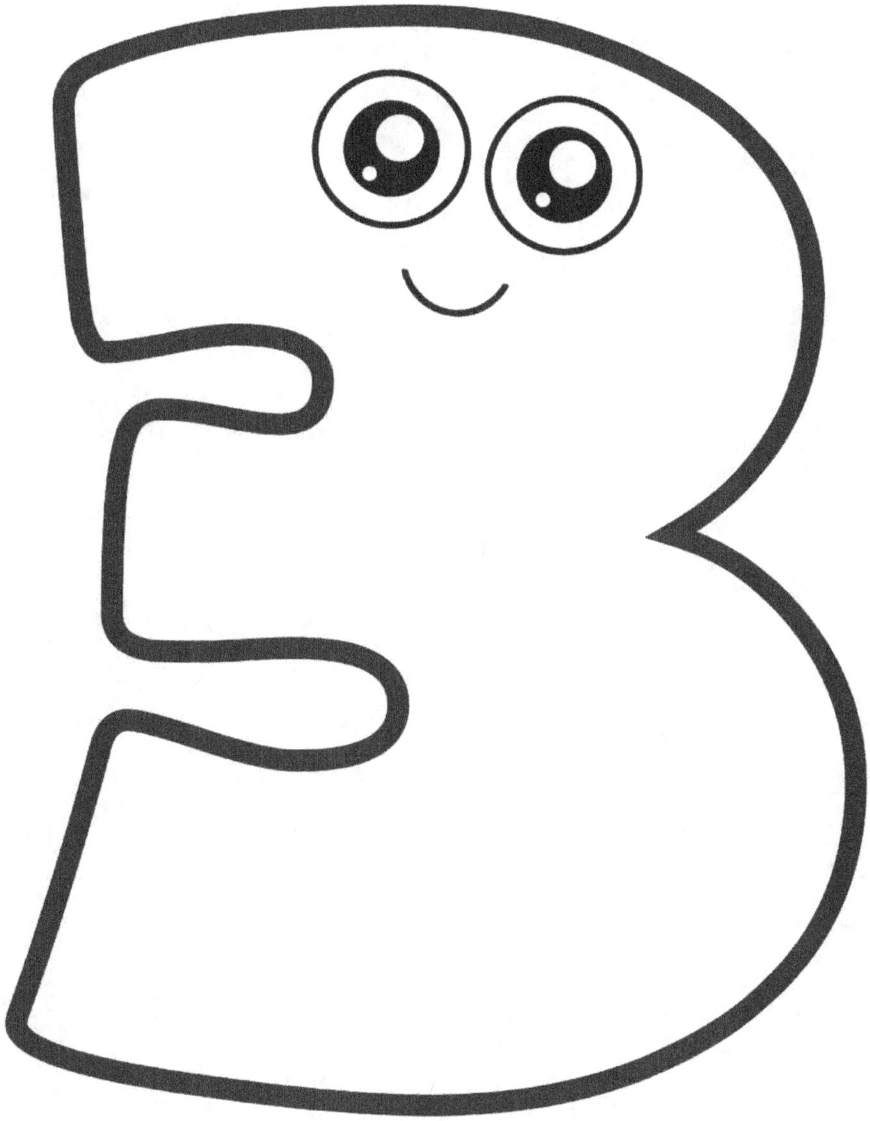

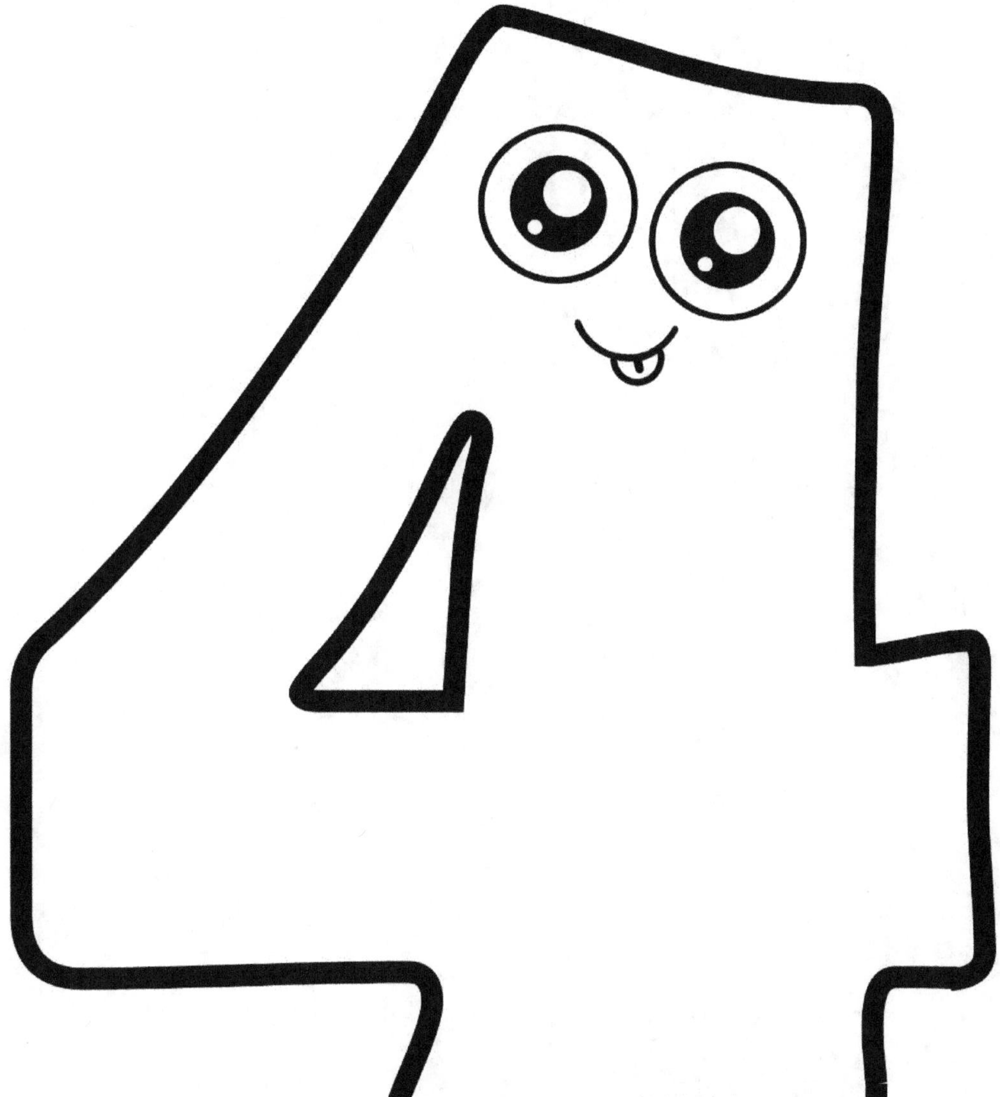

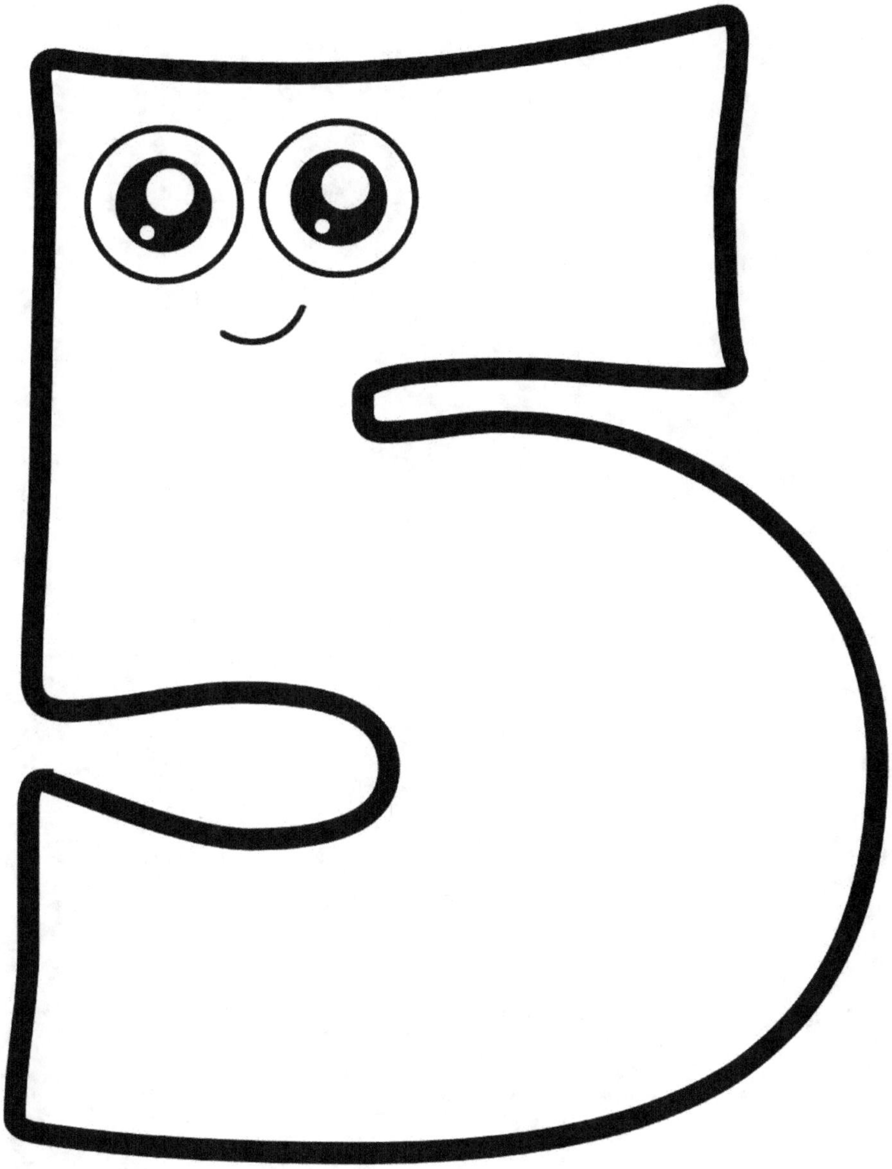

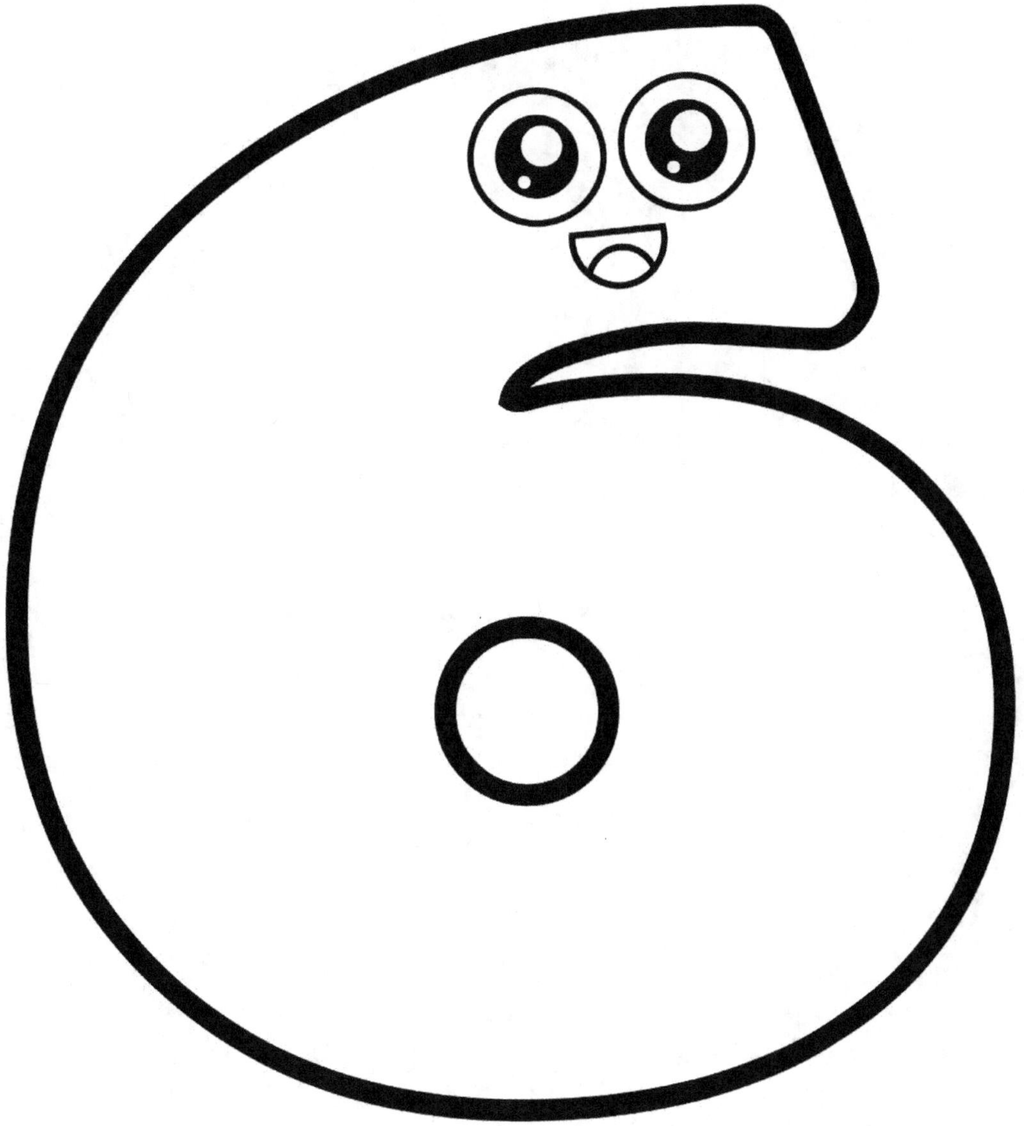

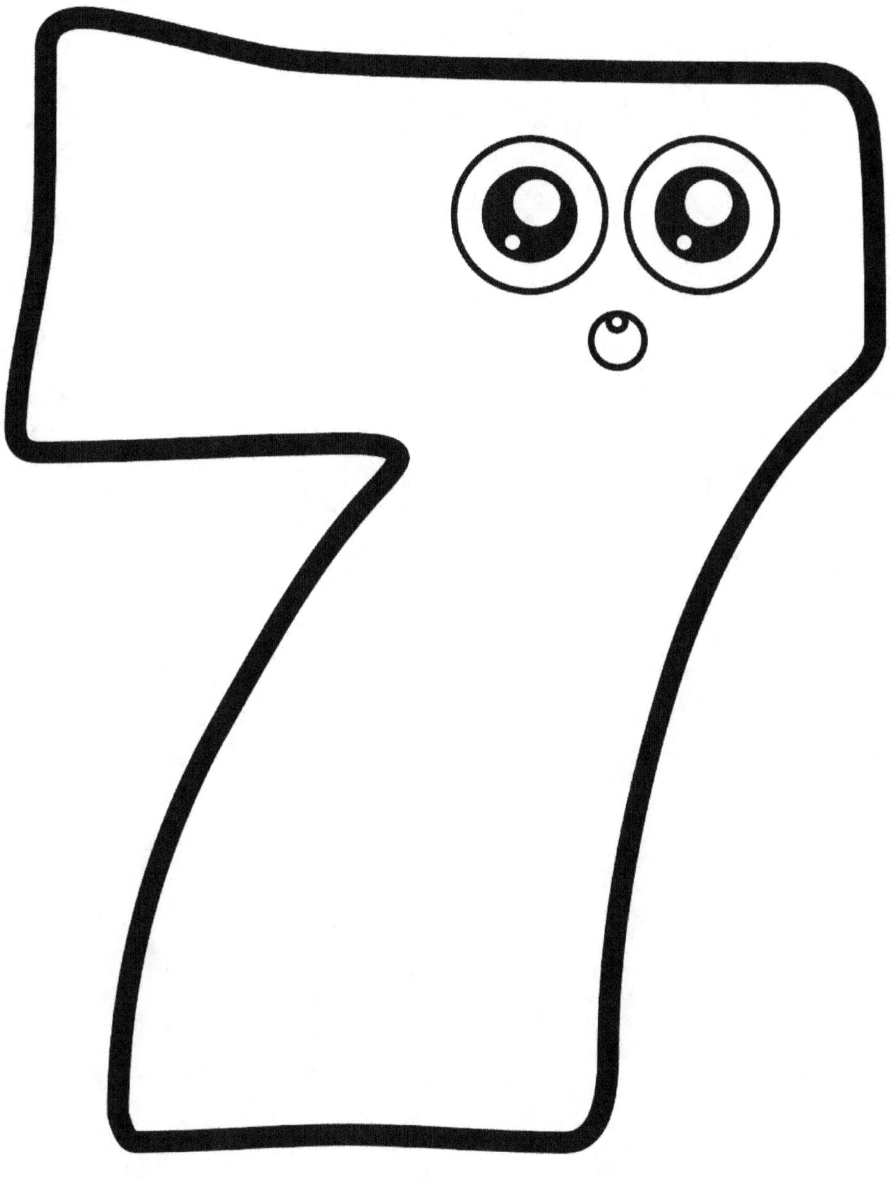

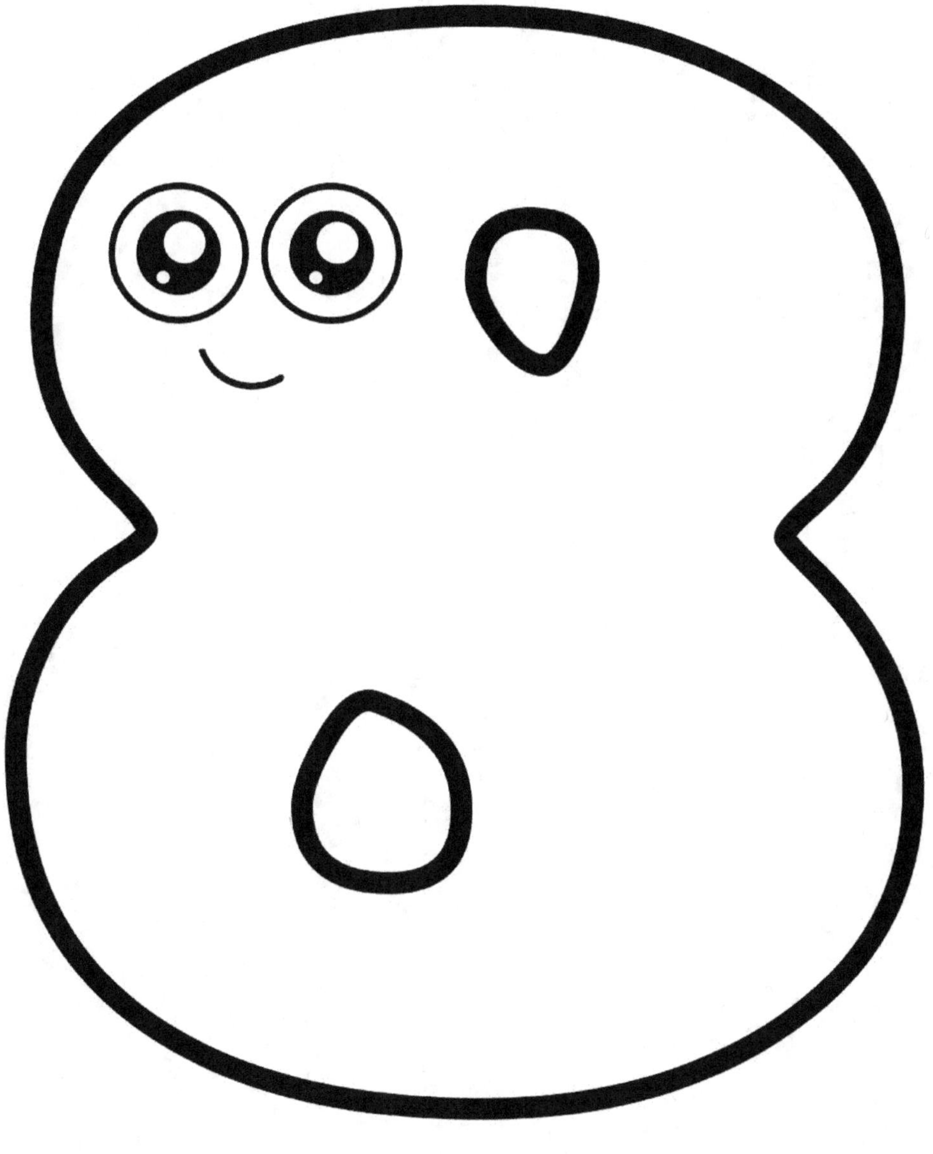

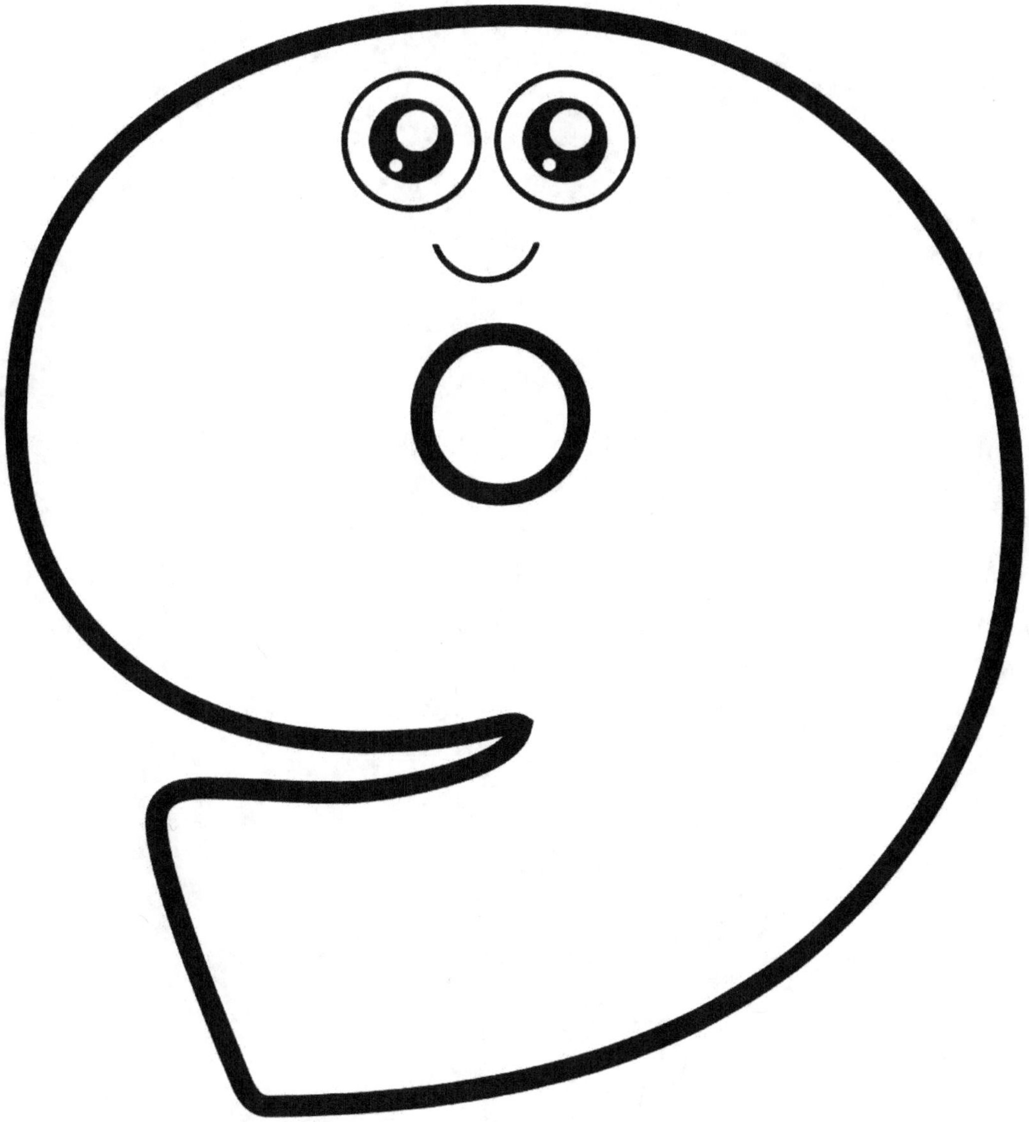

www.ingramcontent.com/pod-product-compliance
Lightning Source LLC
Chambersburg PA
CBHW062336220526
45469CB00008B/2742
9781728980546